Leila Benarous

Processus concurrents et systèmes parallèles- Aspects Pratiques

Leila Benarous

Processus concurrents et systèmes parallèles- Aspects Pratiques

Éditions universitaires européennes

Impressum / Mentions légales
Bibliografische Information der Deutschen Nationalbibliothek: Die Deutsche Nationalbibliothek verzeichnet diese Publikation in der Deutschen Nationalbibliografie; detaillierte bibliografische Daten sind im Internet über http://dnb.d-nb.de abrufbar.
Alle in diesem Buch genannten Marken und Produktnamen unterliegen warenzeichen-, marken- oder patentrechtlichem Schutz bzw. sind Warenzeichen oder eingetragene Warenzeichen der jeweiligen Inhaber. Die Wiedergabe von Marken, Produktnamen, Gebrauchsnamen, Handelsnamen, Warenbezeichnungen u.s.w. in diesem Werk berechtigt auch ohne besondere Kennzeichnung nicht zu der Annahme, dass solche Namen im Sinne der Warenzeichen- und Markenschutzgesetzgebung als frei zu betrachten wären und daher von jedermann benutzt werden dürften.

Information bibliographique publiée par la Deutsche Nationalbibliothek: La Deutsche Nationalbibliothek inscrit cette publication à la Deutsche Nationalbibliografie; des données bibliographiques détaillées sont disponibles sur internet à l'adresse http://dnb.d-nb.de.
Toutes marques et noms de produits mentionnés dans ce livre demeurent sous la protection des marques, des marques déposées et des brevets, et sont des marques ou des marques déposées de leurs détenteurs respectifs. L'utilisation des marques, noms de produits, noms communs, noms commerciaux, descriptions de produits, etc, même sans qu'ils soient mentionnés de façon particulière dans ce livre ne signifie en aucune façon que ces noms peuvent être utilisés sans restriction à l'égard de la législation pour la protection des marques et des marques déposées et pourraient donc être utilisés par quiconque.

Coverbild / Photo de couverture: www.ingimage.com

Verlag / Editeur:
Éditions universitaires européennes
ist ein Imprint der / est une marque déposée de
OmniScriptum GmbH & Co. KG
Heinrich-Böcking-Str. 6-8, 66121 Saarbrücken, Deutschland / Allemagne
Email: info@editions-ue.com

Herstellung: siehe letzte Seite /
Impression: voir la dernière page
ISBN: 978-3-8416-7246-9

Remerciements

Tout d'abord, je tiens à remercier Allah pour m'avoir aidée à accomplir ce travail. Je remercie infiniment mes parents pour leurs amours, supports et conseils illimités ainsi pour le soin particulier qu'ils ont donné pour corriger et améliorer ce travail. Mes remerciements spéciaux à mes sœurs qui m'ont donné le soutien et les conseils nécessaires.

Je tiens également à remercier M. Djoudi Mohamed pour m'avoir proposé cet intéressant sujet, pour ses encouragements, et ses conseils.

Mes respectueux remerciements à tout le personnel administratif, en particulier M. Tahari Abdou-el-Kerim pour ses conseils utiles, ainsi que tous les enseignants qui m'ont enseigné et encouragé pendant tout mon cursus universitaire. .

Je tiens également à remercier Pr.Riccardo Sisto pour m'avoir envoyé ses articles utiles, ainsi que Dr. Gerard Holzmann pour ses précieux conseils afin de bien maîtriser les outils utilisés dans ce mémoire.

Je tiens à remercier les honorables membres du jury qui accepteront d'examiner ce travail.

Je remercie également toutes les personnes qui m'ont aidé de près ou de loin à la réalisation de ce mémoire.

Dédicaces

A mes chers parents,

mes chères sœurs,

mes chers frères,

et ma belle nièce Dila.

Citation

بسم الله الرحمن الرحيم

...نَرْفَعُ دَرَجَاتٍ مَنْ نَشَاءُ وَفَوْقَ كُلِّ ذِي عِلْمٍ عَلِيمٌ ﴿٧٦﴾

سورة يوسف

العلم يبني بيوتا لا عماد لها

و الجهل يهدم بيت العز و الشرف

Table des matières

Table de figures

INTRODUCTION GENERALE

La programmation concurrente permet l'exécution rapide et l'utilisation optimale des ressources matérielles (CPU, mémoire). Elle peut être difficile et source d'erreurs qui ne peuvent pas être détectées lors d'une exécution pouvant mener à des catastrophes.

La programmation distribuée, quant à elle, offre la vitesse, la fiabilité, la flexibilité et la performance, cependant elle ne diffère pas de la programmation concurrente et elle peut poser un certain degré de difficulté de programmation et de vérification.

Pour vérifier et valider les algorithmes des systèmes asynchrones (processus concurrents, systèmes repartis) l'approche formelle a été adoptée pour minimiser les coûts de vérification et de simulation.

Le cadre général des travaux de ce mémoire concerne la modélisation et la simulation de tels systèmes (répartis, concurrents). A cet effet, nous avons utilisé un certain nombre d'outils en vue de cerner les aspects pratiques.

Le présent mémoire est structuré en trois chapitres. Le premier chapitre aborde et montre l'intérêt de la modélisation, laquelle, permet de décrire de manière formelle toutes les composantes à étudier. Nous y exposerons les principales approches et méthodes couramment utilisées telle que : les réseaux de Petri, les systèmes de transitions, les algèbres de processus et les méthodes de style impératif telle que ESTELLE.

Le deuxième chapitre est consacré à la présentation de l'approche choisie ; y seront notamment présentés le langage de modélisation que nous avons appris à savoir le langage promela (PROcess MEta LAnguage) ainsi que son outil logiciel associé à savoir le simulateur SPIN (Simple Promela INterpeter).

Le chapitre trois intitulé ''applications'' présente toutes les spécifications écrites et les simulations réalisées. Plus précisément, les applications ont concerné la plupart de celles étudiées de manière théorique couvrant ainsi de larges aspects vus au module ''systèmes d'exploitation'' allant des processus concurrents aux problèmes classiques producteurs-consommateurs ainsi que des paradigmes des systèmes répartis.

Les travaux ont été étendus à l'aspect « vérification » qui nous a montré toute la puissance de SPIN et de ses outils associés. Ainsi que le protocole KERBEROS a été modélisé et validé. Le mémoire se termine par une conclusion générale montrant la somme de connaissances acquises ainsi que les travaux futurs à entreprendre.

L'INTERET DE LA MODELISATION

1. Introduction

La modélisation est la première étape effectuée lors de l'analyse de tout système concurrent. Elle permet de décrire de manière formelle toutes ses composantes. Le modèle doit être précis et non-ambigüe [1]. Il sera simulé et validé (vérifié).

2. Critères de modélisation

Un modèle décrivant un système devrait satisfaire quatre critères essentiels :

– *Expressivité* : le formalisme doit permettre de modéliser simplement, sans ambiguïtés inutiles, les caractéristiques essentielles du système considéré.

– *Universalité* : le formalisme doit être utilisable dans tous les domaines d'activité où intervient le parallélisme asynchrone (logiciel, matériel, télécommunications) et ne pas être étroitement dépendant d'un domaine particulier (comme ESTELLE et SDL l'ont été pour les télécommunications) ; ceci permettra des économies d'échelle dans le développement d'outils.

– *Exécutabilité* : le formalisme doit avoir un caractère exécutable afin que les modélisations ne servent pas seulement de documentation, mais puissent être traitées par des outils de simulation pour la mise au point, le prototypage rapide (production du code exécutable) et la génération automatique de tests.

– *Vérifiabilité* : certains systèmes asynchrones (notamment dans le domaine du matériel) sont suffisamment critiques pour que leurs corrections doivent être garanties par des techniques de vérification ou de preuve. Or celles-ci ne peuvent être appliquées que sur des modélisations faites dans des formalismes dont la sémantique est, d'une part, rigoureusement définie, mais possède aussi de bonnes propriétés de compositionalité et d'abstraction permettant de repousser les limites de l'explosion d'états [2].

3. Méthodes de modélisation

Un grand nombre de formalismes ont été proposés pour les systèmes asynchrones, parmi lesquels on peut mentionner les modèles à mémoire partagée (sémaphores, moniteurs, régions critiques), les réseaux de Petri et leurs multiples extensions, les automates communicants et leurs langages dérivés, ainsi que les *algèbres de processus* (appelés aussi *calcul de processus*).

3.1. Les systèmes de transitions
3.1.1. Définition d'un système de transition
''Un système de transition ST est composé des éléments suivants :
- S un ensemble d'états ou de configurations.
- I $\subseteq$ S un ensemble d'états dits initiaux.
- F $\subseteq$ S un ensemble d'états dits terminaux.
- t une relation binaire sur S(t $\subseteq$ S x S) appelée relation de transition.

On écrira ST=(S, I, F, t).

Un système de transition permet de modéliser l'activité d'un système observé par ses événements ou par les mutations des variables ou des données observées.'' [3]

3.1.2. Définition Systèmes de transitions étiquetées
''Un système de transition étiquetée ($\sum$, I, T, ε,$\rightarrow$) est une structure où
- Un ensemble fini ou infini d'états $\sum$
- Un ensemble d'états initiaux I$\subseteq \sum$
- Un ensemble d'états terminaux T$\subseteq \sum$
- Un ensemble d'événements ε
- une relation de transition sur $\sum$, notée $\rightarrow \subseteq \sum$ x ε x $\sum$'' [3].

Exemple : L'algorithme de Peterson [4]
Nous allons donner les différents systèmes de transitions qui constituent l'algorithme d'exclusion mutuelle de Peterson entre deux processus. Cet algorithme utilise trois variables globales : deux variables booléennes **d0** et **d1** initialisées à **faux** et une variable entière **tour** qui ne peut prendre que les valeurs **0** et **1**, initialisée à **0**. Le processus P_0 exécute le code suivant :

```
While true do
Begin
1 :     {section non critique}
2 :     d0 := true ;
3 :      tour :=0 ;
4 :     attendre (d1=false or tour=1) ;
5 :     {section critique}
6 :     d0 := false ;
End
```
Tandis que P_1 exécute le code symétrique obtenu en permutant **0** et **1**.
```
While true do
Begin
1 :     {section non critique}
2 :     d1 := true ;
3 :      tour :=1 ;
4 :      attendre (d0=false or tour=0) ;
5 :     {section critique}
6 :     d1 := false ;
End
```
Aux trois variables **d0, d1** et tour on associe trois systèmes de transitions **D0, D1** et **T**, **D0** et **D1** sont des systèmes de transitions représentant des variables booléennes, identique à celui qui a été

défini ci-dessus. Comme tour est une variable entière qui ne peut prendre que deux valeurs 0 et1, elle est représentée par un système de transitions **T** analogue à celui qui représente une variable booléenne : il est obtenu en remplaçant respectivement dans B

B :   **Faux, vrai, b := faux, b := vrai, faux !, vrai !**

Par

0, 1, t :=0, t :=1, 0 !, 1 !

Au processus **Pi** on associe le système de transitions **Pi** dont les actions sont notées SNC pour la section non critique et SC pour la section critique, **t :=1, t :=0, t=1 ? Et t=0 ?** Pour les affectations et les tests de la variable **d0, et d1 :=vrai, d1 :=faux, d1 :=vrai? Et d1 :=faux?**

Pour les affectations et les tests de la variable **d1**. Les transitions de **P0** sont donc :

t1 : 1 ⟼ SNC →   2
t2 : 2 ⟼ d0 := vrai →   3
t3 : 3 ⟼ t :=0 →   4
t4 : 4 ⟼ d1 = faux ? → 5
t5 : 4 ⟼ t=1 ? →   5
t6 : 5 ⟼ SC →   6
t7 :6 ⟼ d0 :=faux →   1

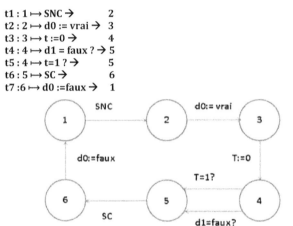

Figure 1 : Le système de transitions P0 de l'algorithme de Peterson

De la même façon, le système de transitions **P1** est obtenu ce qui donne :

t'1 : 1 ⟼ SNC →   2
t'2 : 2 ⟼ d1 := vrai →   3
t'3 : 3 ⟼ t :=1 →   4
t'4 : 4 ⟼ d0 = faux ? → 5
t'5 : 4 ⟼ t=0 ? →   5
t'6 : 5 ⟼ SC →   6
t'7 :6 ⟼ d1 :=faux →   1

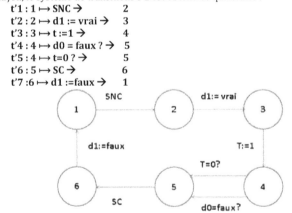

Figure 2: Le système de transitions P1 de l'algorithme de Peterson

''Dans les deux cas l'état initial est **1**.

On remarquera que, dans **P0**, pour passer de l'état **4** à l'état **5** il faut nécessairement utiliser une de deux transitions **t4** ou **t5** et donc que le test de **d1** ait donné la valeur Faux ou que celui de tour ait donné la valeur **1**. Ceci traduit bien l'instruction **attendre (dj=false or tour=j)** : si aucune de ces deux conditions n'est vérifiée le système ne pourra passer dans l'état **5** et exécuter ensuite sa section critique.

On ajoutera aussi toutes les transitions étiquetées par l'action nulle, encore notée e, qui ne font pas changer d'état. Ceci permet de faire apparaître le fait qu'un processus peut rester inactif pendant un certain temps, ce qui est par exemple le cas s'il s'exécute sur un monoprocesseur et donc si à certains moments il peut être suspendu pour permettre à un autre processus de s'exécuter.

Il pourra être utile d'ajouter à chacun de ces deux systèmes de transitions le paramètre de transitions **MB= {t2, t3, t4, t5} (respectivement MB'= {t'2, t'3, t'4, t'5})** formé des transitions qu'un processus exécute quand il cherche à entrer en section critique'' [4].

3.2. Les réseaux de Petri
3.2.1. Définition d'un réseau Petri

''Un réseau Petri se définit par :
- Un ensemble fini **P** de sommets appelés **places**, représentés par des **cercles**.
- Un ensemble finis **T** de sommets appelés transitions, représentés par des **barres**.
- Un ensemble **A** d'arcs valués reliant les **places** et les **transitions**, c'est-à-dire des triplets de la forme (p, t, v(p ,t)) ou (t, p, v(t, p)) avec **p** une **place**, t une **transition** et **v(p, t)** (respectivement **v(t, p)**) un entier appelé **valuation** de l'arc **(p, t)** (respectivement **(t, p)**)''. [5]

Remarque

Un arc relie soit une place à une transition, soit une transition à une place jamais une place à une place ou une transition à une transition. Tout arc doit avoir à son extrémité un sommet (place ou transition). [6]

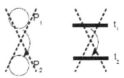

Figure 3: Cas interdits dans un Rdp **[7]**

Exemple : Toute transition d'un réseau de Petri est reliée à des places de la façon suivante :

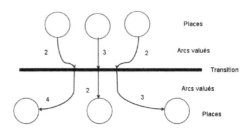

Figure 4: Exemple d'un Réseau Petri. **[5]**

3.2.2. Définition d'un réseau de Petri marqué

"Un réseau de Petri marqué **N = <R ; M>** est formé d'un réseau de Petri **R** et d'une application M telle que :

M : P ------→ N = l'ensemble de entiers naturels.

P -----→ **M(p)** = marque de p dans le marquage M.

M(p) est représenté par **M(p)** jetons dans le cercle représentant p ou par le nombre **M(p)** à l'intérieur de ce cercle si **M(p)** est trop grand." [8]

3.2.3. Franchissement de transitions

"Pour rendre compte de l'évolution du système modélisé, les réseaux de Petri intègrent un formalisme permettant de passer d'un marquage à un autre : c'est le franchissement des transitions. Une transition est franchissable si chacune des places en entrée comporte au moins un jeton.

Pour les transitions franchissables, on définit le franchissement effectif selon les règles suivantes :

• Le franchissement est une opération indivisible (atomique),

• Un jeton est consommé dans chaque place en entrée,

• Un jeton est produit dans chaque place en sortie". [7]

Exemple : L'algorithme de Peterson

''– Les deux processus sont symétriques

– Il existe une mémoire partagée contenant les variables **last**, **demp** et **demq**

• Code du processus p :

      A : **demp = vrai**

      B : **last = p**

      C : **Attendre (last == q || demq == faux)**

      D : **< Section critique >**

      E : **demp = faux; goto A**

• Initialement : **demp** = **demq** = **faux**

• **last** = p ou **last** = q indifféremment

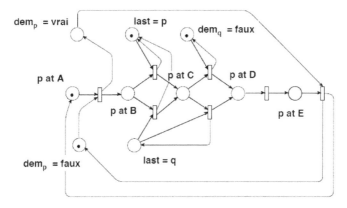

Figure 5 : Le réseau de Petri (Rdp) P de l'algorithme de Peterson'' **[9]**

3.3. Les algèbres des processus

''Le terme processus d'algèbre a été inventé en **1982** par **Jan Bergstra** et **Jan Willem Klop.** Initialement dans le sens de l'algèbre universelle, pour désigner une structure satisfaisante à un ensemble particulier d'axiomes. Aujourd'hui, il est utilisé dans un sens plus général pour les approches algébriques afin de décrire et étudier les processus concurrents. Vers la fin des années **70**, **Robin Milner** et **Tony Hoare** ont largement et indépendamment développé les processus d'algèbre **CCS** (Calculus of Communicating Systems) et **CSP** (*Communicating Sequential Processes*), respectivement. Au début des années **80**, **Bergstra** et **Klop** ont développé un troisième processus d'algèbre **ACP** (Algebra of Communicating Processes)''. [10]

Exemple d'un algèbre de processus : CCS

Syntaxe :

"Par analogie avec les systèmes qu'ils permettent de décrire, les termes (ou agents) de CCS sont appelés des processus. Ces processus possèdent des capacités d'interactions qui correspondent à des demandes de communication sur des canaux nommés. Nous donnons, figure 6, la syntaxe complète des processus.

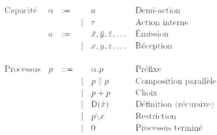

Figure 6 : syntaxe des processus CCS" **[11]**

3.4. Méthode de style impératif

"Ce type de modélisation utilise les évènements sous forme impérative pour exprimer les actions ou les effets observés sur le système en cours de développement. Un système est modélisé par un état qui évolue selon les évènements survenus. Il existe plusieurs langages permettant d'adopter ce choix de modélisation. En effet ce sont des sous-ensembles des langages impératifs : pascal pour Estelle, C pour Promela.

3.4.1. Le Langage ESTELLE

Paru en 1983, Estelle est devenu une norme. Ce langage est fondé sur le concept de machine d'états finis étendus. L'automate d'états finis est étendu par des variables, des paramètres et des priorités. Dans le principe, pour la description d'un protocole, l'état principal (celui de l'automate d'états finis sous-jacent) sert à décrire les phases du protocole, c'est-à-dire l'aspect contrôle, alors que l'aspect données sera représenté par des variables Pascal. Pour l'aspect contrôle, Estelle définit une syntaxe originale, tandis que pour l'aspect donnée il reprend intégralement le langage Pascal.

Le langage Estelle a deux objectifs principaux :

- Le comportement du système ne doit pas être ambigu, ou alors ses ambiguïtés sont explicitées ;

- La spécification de chaque morceau du système doit être assez complète pour qu'il soit possible de la décrire isolément et l'intégrer ensuite au système complet.

Ainsi le langage apporte un soin particulier à la description d'interfaces (des canaux, des modules, des interactions), et toutes les finesses d'un comportement non déterministe (partie processus, avec des transitions, comportement des gardes variées).

Une spécification en Estelle est composée d'un ensemble de modules communicants, interconnectés par un mécanisme de transfert de message appelé canal (channel). L'objectif d'une spécification de modules est de définir le comportement de modules visibles au travers de ces points d'interaction. Le module est d'abord défini en tant que type, et dans un deuxième temps il sera instancié. La définition du type « module » comprend la définition de son en-tête (header) et celle de son corps (body) ; plusieurs corps peuvent être définis avec le même en-tête. Une instance de module n'existera qu'après l'exécution de la primitive INIT ; cette primitive crée une instance de module en associant l'en-tête du module à un de ses corps précédemment définis. Cette même instance cessera d'exister lorsqu'une primitive de destruction RELEASE sera appliquée" [12].

Exemple d'ESTELLE : l'algorithme d'élection Robert et Chang [13]

```
CONST Nbsites=10 ;
CHANNEL liaison (sortie, entrée) ;
BY sortie : elir (numero : INTEGER) ;
            elu(numero: INTRGER) ;
MODULE typ_mod activity (mon_num : INTEGER)
IP      s: liaison (sortie) individual queue;
        e : liaison (entrie) individual queue ;
end ;
body type_bod FOR typ_mod ;
STATE participant, nonparticipant, fin, elu;
VAR
tra,tve ,pgvu :INTEGER ;
eu :boolean ; f_ok, ini :boolean ;
INITIALIZE TO nonparticipant
BEGIN
F_ok:= false;
Ini:=false;
Pgvu:=+0;(*trace vihéculee par l'ancien message elir *)
Tra:=+0; (*trace vihéculee par le message elir *)
Eu :=false ; (*variable logique impliquant que le message elu est généré*)
END ;
(*Les transitions*)
TRANS FROM nonparticipant       TO participant      PROVIDED mon_num=3 (*
l'initiateur : site 3*)
          PRIORITY 0 name t_ini :
BEGIN
Pgvu := mon_num ;
Tve :=mon_num ;
Tra :=tve ;
OUTPUT s.elir(mon_num) ;
END ;

TRANS FROM nonparticipant
To participant WHEN e.elir Name t0_el:
BEGIN
 Tra:=tve;
 Tve:=numero;
 IF numero <mon_num THEN
        Begin
                Pgvu:=mon_num;
        OUTPUT s.elir(mon_num);
        End
 ELSE
        Begin
        Pgvu:= numero;
        OUTPUT s.elir(numero);
END;
```

```
TRANS FROM participant  To participant WHEN e.elir name t1-el:
BEGIN
        Tra:=tve;
        Tve:=numero
        IF numero <mon_num THEN
        BEGIN
        Pgvu:=mon_num;
        OUTPUT s.elir(mon_num);
        END
        ELSE
        Begin
        Pgvu :=numero ;
        OUTPUT  s.elir(numero);
        End;
END;
(******************************************************************)
TRANS FROM participant TO fin WHEN  e.elu  Provided(mon_num=numero) Name t0_fin:
BEGIN
OUTPUT s.elu(numero);
eu :=true ;
END ;
(******************************************************************)
TRANS FROM participant TO elu
WHEN  e.elir
Provided(mon_num=numero)
Name t_elu:
BEGIN
OUTPUT s.elu(mon_num);
eu :=true ;
END ;
(******************************************************************)
TRANS FROM elu TO elu
WHEN  e.elu
Provided(mon_num=numero)
Name t_elu_fin:
BEGIN
END ;
```

4. Conclusion

La modélisation est une étape essentielle lors de la conception d'un système. Elle permet de décrire de façon formelle et sans ambiguïté son comportement.

Il existe   plusieurs approches autour desquelles des outils ont été développés et greffés permettant de simuler et donc de corriger le système modélisé. Parmi ces approches nous avons exposé dans ce chapitre : les réseaux de Petri, les systèmes de transitions, l'algèbre de processus et les langages impératifs comme Estelle.

Nous concernant, notre choix s'est porté sur le langage Promela (lequel est de style impératif) qui sera détaillé au chapitre suivant.

LE LANGAGE DE MODELISATION
PROMELA ET SES OUTILS ASSOCIES

1. Introduction

Il existe plusieurs outils de simulations et de vérifications des processus concurrents et systèmes parallèles; l'un de ces outils est le simulateur SPIN (Simple Promela INterpretor), est un logiciel open-source. Il a été développé aux Laboratoires Bell à partir de 1980 par Gerard Holzmann, il est devenu disponible gratuitement depuis 1991. Il continue d'évoluer au rythme des nouveaux développements dans le domaine. En Avril 2002, l'outil a reçu le prix prestigieux du logiciel système pour l'année 2001 par l'ACM [14]. Il simule l'exécution du système en faisant des choix aléatoires d'ordre d'exécution des différents processus [15]. Spin interprète les modèles écrits en langage PROMELA (Process Meta Language) lequel est un langage de spécification de systèmes parallèles asynchrones. Il permet de d'écrire des systèmes concurrents, en particulier des protocoles de communication [15]. Le simulateur et son langage offre les caractéristiques suivantes :

- SPIN est l'un des outils les plus utilisés pour la vérification formelle.
- PROMELA permet de spécifier les automates distribués qui peuvent communiquer en utilisant soit des canaux de message soit de la mémoire partagée.
- PROMELA est également très approprié à des fins éducatives, grâce à son rapprochement aux théories des automates et de sa syntaxe facile et intuitive de l'interface graphique "xspin".
- Spin offre des algorithmes modernes pour la validation de protocoles, il permet de créer des implémentations compilées des spécifications. Ceci peut être utilisé pour tester les protocoles et construire les scénarios de test [16].

2. Promela

"Promela est un langage de modélisation et de vérification. Un programme PROMELA est constitué de processus, de canaux de communication servant à transmettre des messages, et de variables. Les canaux et variables peuvent être déclarés soit globalement, soit localement, à l'intérieur d'un processus. Les processus spécifient le comportement du système alors que les canaux et variables définissent l'environnement d'exécution" [15].

2.1. Référence du langage Promela
2.1.1. Les types de données
2.1.1.1. Les types de base [15]

Type	Taille	Domaine
Bit	1	0 ,1
Bool	1	0 ,1
Byte	8	0,255
Short	16	$-2^{15} .. 2^{15}-1$
Int	32	$-2^{31} .. 2^{31}-1$
Unsigned	X	$0.. 2^{X}-1$

Déclaration des variables : type _de_la_variable nom_de_la _variable, Exemple : int m ; unsigned n=45 ;

2.1.1.2. Les tableaux

Type_de_tableau nom_de_tableau [taille_du _tableau];

Exemple : int T[5] ;

Remarque : Comme en c l'indice du tableau commence à partir du 0.

2.1.1.3. Les structures

Typedef nom_structure{
   <Type_champ1> < nom_champ1> ;
   <Type_champ2> <nom_champ2> ;
   ... }[15]
Example:
typedef Field {
     short a;
     byte b; }[3]
Déclaration d'une variable de type structure : Nom_structure nom_variable ;

Le type de champs peut être un des types de bases, tableaux, structure.... [17]

2.1.1.4. Les canaux de communications

Chan nom_de_canal =[capacité_du_canal] of {type_de_msg}

Exemple : chan p= [3] of {int, byte} ;Le canal p peut contenir au maximum 3 messages chacun composé d'un entier et d'un byte.

2.1.1.5. Les types de messages (Types énumérés)

Mtype = {Ensemble de constantes symboliques séparé par des virgules}

Remarque : Un seul type énuméré autorisé par spécification. [18]

Exemple : mtype = {connecté, déconnecté}.

Déclaration : mtype nom_du_msg ;

2.1.1.6. Les constantes et les macros

#define nom_constante valeur _constante;

Exemple : #define a 3 ;

Les macros aussi sont définis à l'aide de #define

2.1.1.7. Déclaration des processus

Proctype ([type_de_paramètre paramètre(s)]) /* les paramètres sont séparés par ;*/
{
Déclarations des variables locales ;
Liste des instructions ;
}
Exemple :
Proctype A() {
Int i=5 ;
I=i*6
}

2.1.2.   Les instructions
2.1.2.1.   Les expressions [18]

Type	Opérateurs
Arithmétiques	+, -, *, /, %, --, ++
Relationnels	>, >=, <=, <, ==, !=
Logiques	&&, ||, !
Bits	&, |, ~, ^, >>, <<
Canaux	!, ?

2.1.2.2.   Instanciation des processus

Init {
run processus_A()   }

L'instruction **run** peut être utilisée dans n'importe quel processus pour en créer un nouveau. Un processus qui s'exécute disparait lorsqu'il termine. [15] Un processus peut être déclaré de manière à s'activer au début de l'exécution. Pour cela le mot-clef **active** doit précéder proctype. Plusieurs instanciations d'un même processus peuvent également être activées dans l'état initial du système.

Exemple :

active proctype A() { ... }

active [4] proctype B() { ... }

Un processus de type A et quatre de type B sont instanciés lors de l'activation du système.

2.1.2.3.   Les séquences atomiques

Il existe deux primitives définis en Promela pour rendre atomique (indivisible) un bloc d'instructions, autrement dit assurer l'exclusion mutuelle entre les processus qui partagent des variables globales.

- Atomic {...}
- D_step{...}

Atomic [19]	D_step [20]
- Les sauts goto vers ou depuis une séquence atomic sont autorisés. - Elle peut s'exécuter de façon non déterministe.	- Aucun saut goto vers ou depuis une séquence d_step sont autorisés. - La séquence est exécutée de façon déterministe. Si le non-déterminisme est présent, il est résolu d'une manière fixe et déterministe, par exemple, en sélectionnant toujours la première garde vraie dans toutes les sélections et les structures de répétition. - C'est une erreur si l'exécution d'une instruction à l'intérieur de la séquence peut bloquer. Cela signifie, que dans la plupart des cas, l'envoi et la réception des messages ne peuvent pas être utilisé dans les séquences d_step.

2.1.2.4. L'affichage des messages

Comme en c, l'utilisation de Printf().

2.1.2.5. Les structures de contrôles
- **Les sélections**
                    If
                        :: instruction1 ;
                        :: instructions2
                    Fi
- **Les expressions conditionnelles (exp1->exp2 :exp3)**

C'est l'équivalente de (exp1 ?exp2 :exp3) en c, elle veut dire que si exp1 est satisfaite alors exp2 est exécutée, sinon c'est exp3 qui est exécutée.

- **Les boucles**
                    Do
                        :: instructions
                    Od
- **Les branchements**
                        Goto étiquette
                        ...
                        Etiquette : instructions
- **L'instruction unless**

Cette instruction s'écrit sous la forme B **unless** C où B et C sont des morceaux de programmes.

S'ils sont constitués de plusieurs instructions, il faut les regrouper :

{B1; B2; B3} unless {C1; C2}. L'exécution de l'instruction commence par celle du fragment B1.

Avant chaque étape dans B, l'excitabilité du fragment C1 est testée. L'exécution des instructions dans B continue tant que C1 ne peut être exécuté. Dès que C1 devient exécutable, le contrôle passe à C et la fin de B est abandonnée. Si, durant l'exécution de B, C1 ne devient pas exécutable, l'exécution de C n'a pas lieu lorsque B termine. [15]

- **Echappement**

L'instruction timeout modélise une condition particulière qui permet à un processus d'annuler son attente d'une condition qui pourra ne jamais devenir vraie. Cette instruction fournit une échappatoire à un état bloquant. La condition timeout devient vraie seulement quand aucune autre instruction du système distribué n'est exécutable. [15]

2.1.2.6. L'utilisation des canaux de communications
- **L'envoi et réception de messages**
                    L'envoi : Nomcanal ! expression1

                    La réception : nomcanal ? variable1

- **La communication par rendez-vous**

Un canal de communication de taille 0 définit un point de rendez-vous. Le canal peut ainsi transporter des messages, mais pas les stocker. Les rendez-vous entre processus sont des opérations synchrones. [13]

- **Réceptions particulières de messages** [15]

Instruction	Signification
1. q?var,const	réception FIFO: les constantes doivent correspondre, le message est retiré du canal
2. q??var,const	premier trouvé : comme 1, en prenant le premier message pour lequel les constantes correspondent
3. q?[var,const]	test de l'excitabilité d'une réception de type 1
4. q??[var,const]	test de l'excitabilité d'une réception de type 2
5. q?<var,const>	comme 1, sans consommation du message
6. q??<var,const>	comme 2, sans consommation du message

- **Autres primitives de manipulation de canaux**

Primitive	Utilité
Len(nomcanal)	Calcule le nombre de message présents dans le canal.
Full(nomcanal)	Teste si la file associée au canal est pleine.
Nfull(nomcanal)	Teste si la file associée au canal est non pleine.
Empty(nomcanal)	Teste si la file associée au canal est vide.
Nempty (nomcanal)	Teste si la file associée au canal est non vide.

- **L'entrée standard comme canal de communication STDIN**

STDIN - chaîne prédéfinie de lecture seule, destinée à être utilisée dans la simulation seulement (pas dans la vérification). Pendant la simulation, il est parfois utile de pouvoir connecter à Spin d'autres programmes qui peuvent produire des données utiles, ou directement au flux d'entrée standard pour lire des données depuis le terminal ou depuis un fichier.

chan STDIN;   STDIN?var [21]

La primitive eval

La fonction **eval** permet d'utiliser, lors d'une réception de message, la valeur d'une variable comme constante, et ce pour forcer une réception particulière. [15]

Variables et fonctions associée aux processus [15]

Variables et fonctions	Utilisation
La variable prédéfinie **_pid**	Contient le numéro d'instanciation du processus.
La variable globale prédéfinie **_last**	Contient le numéro d'instanciation du processus ayant effectué la dernière étape dans la séquence d'exécution courante.
La variable cachée **_**	La variable non nommée _ peut être écrite mais non lue. Elle peut par exemple servir à perdre un message dans un canal en effectuant l'instruction q?_. Cette variable n'est pas contenue dans l'état du système.
La fonction prédéfinie **enabled (pid)**	renvoie vrai si le processus dont le numéro d'instanciation est pid peut exécuter une opération dans son état courant. L'utilisation de cette fonction est restreint aux clauses **never** pour des modèles ne contenant pas de rendez-vous.
La fonction prédéfinie **pc_value (pid)**	renvoie le numéro de l'état courant du processus dont le numéro d'instanciation est **pid**. L'utilisation de cette

	fonction est également restreint aux clauses **never**.
L'instruction **np_**	qui ne peut être utilisée qu'au sein d'une clause **never**, elle vaut **true** si le système global est dans un état de progression, **false** sinon.

2.1.2.7. Les procédures [15]

Une procédure peut être déclarée **inline**, en dehors des déclarations de processus.

Inline nom_procedure (parametre1, parametre2,…)

{ …code }

Une procédure peut être récursive c'est-à-dire que la déclaration de procédure peut contenir un appel de procédure où les valeurs de retour peuvent être transmises via des messages ou des variables globales.

Inline nom_procédure (parametre1, parametre2,…)

{

…code promela

Run Nom_procédure (parametre1, parametre2,…) //l'un des paramètres est une chaine ou une variable globale et elle contient la valeur de retour

…code promela

}

2.1.2.8. Les instructions et primitives supplémentaire [15]

Les instructions/ primitives	Utilisation
Priorité d'exécution d'un processus : **priority n**	Les processus les plus prioritaires seront exécutés d'abord lors de la simulation.
Condition d'exécution d'un processus: **provided (condition)**	On peut ajouter une condition, le processus ne peut pas s'exécuter que si la condition est satisfaite.

2.1.2.9. Les instructions de vérification (validation) [15]+ [22]

Les instructions	Utilisation
Assertion: **assert(condition)**	Toujours exécutable, indique une erreur si la condition est fausse [23]
Etat terminal: **end**	On l'utilise pour indiquer à l'analyseur que ces états terminaux sont eux aussi valides. Il peut y avoir plusieurs états terminaux possibles pour un même processus. Les étiquettes doivent être uniques au sein d'un processus. Tout nom d'étiquette commençant par **end** représente un état terminal possible.
Etat de progression: **progress**	Les étiquettes d'états de progression indiquent des états qui doivent être exécutes pour que le processus progresse.
Etat d'acceptation : **Accept**	Les états d'acceptation permettent de spécifier les états devant être indéfiniment visités pour qu'une propriété soit vraie. Une étiquette d'état acceptant doit commencer par **accept**.
Les assertions de réception et	Les assertions de réception et d'envoi **exclusifs**:

d'envoi des messages : **xr, xs**	**xr** q1; /* exclusive receive*/ **xs** q2; /* exclusive send */
Traces d'événements : **trace** / **notrace**	Une déclaration de **trace** permet de spécifier un comportement correct du système. La primitive **notrace** décrit les séquences d'exécution invalides.
Formules de logique temporelle **LTL**	Elle peut être spécifiée à l'aide de la clause never.

3. Spin

Spin est un outil utilisé pour simuler et vérifier un programme écrit en promela. Il est disponible sous 2 modes : [24]

- **Le mode textuel (ligne de commande) :** [24]

Les principales options disponibles, entre autre pour la simulation, sont les suivantes :

-p	affiche les changements d'états des processus
-l	affiche les valeurs des variables locales
-g	affiche les valeurs des variables globales
-r	affiche les réceptions de messages
-s	affiche les émissions de messages
-m	indique qu'un message est perdu quand il est envoyé dans un canal plein
-t	permet de consulter la trace qui conduit à une erreur

- **Le mode Graphique :**

Il existe 3 interfaces graphiques:
- Jspin (**Moti Ben_Ari**) : a été développé principalement pour des besoins pédagogiques. JSPIN est écrit en Java. [25]
- Xspin (**Gerard J. Holzmann**)
- Ispin (**Gerard J. Holzmann**)

  Procédure d'installation (sous windows): [26]
  1- Télécharger et Installer **cygwin**.
  2- Télécharger et installer **Spin623.zip**.
  3- Extraire **spin623.zip** et modifier le nom de l'exécutable de **spin623.exe** vers **spin.exe**
  4- Copie l'exécutable vers **c:\cygwin\bin**
  5- Télécharger et installer **Tcl/Tk**.
  6- Télécharger **ispin.tcl**
  7- Pour utiliser **ispin** cliquer sur **ispin.tcl**

Spin peut être utilisé en 4 modes principaux :

➢ **Simulateur** : permettant le prototypage rapide avec 3 modes de simulations [27]

- **Aléatoire** : chaque fois que Spin rencontre un choix non-déterministe, il choisit aléatoirement une des possibilités ;

- **Interactif** : l'utilisateur choisit une des instructions exécutables ;

- **Guidé** : permet de rejouer un contre-exemple issu d'une phase de vérification.

➢ **Vérificateur exhaustif**, vérification rigoureuse de la validité des besoins exacts comme spécifiés par les utilisateurs (à l'aide de la théorie de la réduction partielle afin d'optimiser la recherche).

➢ **Système de d'approximation des preuves** qui peut même valider de très grandes modèles du système, avec une couverture maximale de l'espace d'état.

➢ **Un moteur de vérification essaim (swarm)** : (une nouvelle méthode de calcul essaim qui peut exploiter les réseaux en nuage 'Cloud Networks' de taille arbitraire), pour optimiser l'utilisation d'un grand nombre de calculateurs disponibles, exploiter le parallélisme et les techniques de diversification de recherche. [28]

5. Domaine d'utilisation du spin

L'outil Spin a été développé pour simuler et valider les protocoles et les systèmes distribués. En Avril 2002, Spin a reçu le prix prestigieux du «System Software Award» pour l'année 2001 par l'ACM [14]. Spin a été utilisé pour vérifier plusieurs applications comme : La vérification des algorithmes de contrôle des crues (Pays-Bas), la vérification logique du logiciel de traitement d'appels pour des données commerciales et des commutateurs de téléphone, la vérification des algorithmes pour un certain nombre de missions spatiales, l'enquête détaillée de la NASA du logiciel de contrôle de la MY05 Toyota Camry et la vérification des protocoles de transmission des appareils médicaux. Il existe plusieurs articles sur les différentes utilisations de Spin dans différents domaines, ci-dessus une liste de quelques articles récemment publiés :

- Using the Model Checker Spin for Web Application Design
  Homma, K. Izumi, S.; Abe, Y.; Takahashi, K.; Togashi, A.
- Model Checking and Verification of the Internet Payment System with SPIN
  Wei Zhang, Wen-ke Ma, Hui-ling Shi, Fu-qiang Zhu
- Code Formal Verification of Operation System
  Yu Zhang, Yunwei Dong, Huo Hong, Fan Zhang
- Verifying Brahms Human-Robot Teamwork Models
  Richard Stocker, Louise Dennis, Clare Dixon, Michael Fisher
- Correctness verification of RGPS process meta-model
  Xiangsheng Lu, Jinzhao Wu, Hao Yang, Zhiwei Zhang, Xiao Gao
- Vérification des propriétés non-fonctionnelles pour l'orchestration de services web
  Wael Sellami, Hatem Hadj Kacem, Ahmed Hadj Kacem
  - Model Extraction and Reliability Verification on SOCKET Program *Min Luo*
  - Protocol Security Testing with SPIN and TTCN-3 *Zhou Li, Wang Zhiliang, Yin Xia*
- Using spin to Verify security properties of Cryptographic Protocols
  Paolo Maggi, Riccado Sisto

APPLICATIONS

1. Introduction

Le problème de concurrence entres les processus parallèles se partageant une mémoire commune, nécessite des mécanismes (aussi bien logiciels que matériels) de protection de cette mémoire partagée ; un tel problème est connu sous le nom de l'exclusion mutuelle.

De plus, dans certaines structures un ensemble de processus doivent se synchroniser pour la réalisation d'une tache.

Les systèmes parallèles dans lesquels un ensemble de processus disséminés dans des sites différents sont aussi un autre cas d'étude où des processus doivent se synchroniser mais sans mémoire partagée.

Dans ce chapitre, les concepts théoriques de la modélisation formelle avec PROMELA et de la simulation avec SPIN sont appliqués pour étudier ces problèmes de concurrence dans les cas ci-dessus cités.

2. La concurrence

2.1. Définition

"La concurrence est l'exécution de deux ou plusieurs programmes indépendants qui interagissent au cours de la même période, leurs exécutions peuvent être entrelacées ou même simultanées." [29]

2.2. Spécification en Promela

La spécification étudiée présente deux processus concurrents qui partagent une variable globale, chaque processus change la valeur de cette variable, Le but est de remarquer les différentes scénarios d'exécution dans les deux cas, l'exécution entrelacée et l'exécution atomique.

2.2.1. Sans atomicité

Le modèle 2.2.1 écrit en Promela représente deux processus concurrents (A) et (B) qui partagent la variable globale **varg** qui pour valeur initiale 10. Le processus (A) augmente la valeur de la variable **varg** avec 5 si et seulement si sa valeur courante est 10. Le processus (B) décrémente la variable **varg** si et seulement si sa valeur courante est 10. Les deux processus peuvent accéder à la variable globale sans exclusion mutuelle.

```
byte varg = 10;
/*Déclaration de la variable globale varg initialisée à
10*/
proctype A()
{
printf("je suis le processus A");
if
:: varg==10 ->   varg=varg+5
/*Le processus A incrémente la varg si sa valeur =10*/
:: else -> skip
fi
}
proctype B()
{
printf("je suis le processus A");
if
:: varg==10 ->          varg=varg-1
/*Le processus A décrémente la varg si sa valeur
=10*/
:: else -> skip
fi
}
init
{
printf("varg initialement %d", varg);
run A();
run B();
}
```

Modèle 2.2.1 : concurrence sans atomicité

2.2.2. Avec atomicité

Le modèle 2.2.2 présente l'amélioration du modèle 2.2.1 expliqué ci-dessus. Dans ce modèle, les deux processus concurrents (A) et (B) accèdent à la variable partagée **varg** et la modifient en exclusion mutuelle, cela est fait   par l'instruction **Atomic,** tout partie de code protégée par cette instruction sera exécutée de manière indivisible c'est-à- dire à tout moment un seul processus peut modifier cette variable.

```
byte   varg = 10;
/*Déclaration de la variable globale varg initialisée à
10*/
proctype A()
{
atomic{
if
printf("je suis le processus A");
::varg==10 -> varg=varg+5
/*Le processus A incrémente la varg si sa valeur
=10*/
::else -> skip
fi
}
}
proctype B()
{
atomic{
if
```

```
:: varg==10 -> varg=varg-1
/*Le processus A décrémente la varg si sa valeur
=10*/
:: else -> skip
fi;
}
}
init
{
printf("varg initialement %d    ",varg);
run A();
run B();
printf("varg finale  %d ",varg);
}
```

Modèle 2.2.2 : concurrence avec atomicité

2.3. Simulation avec Spin

La figure **7** ci-dessous représente le résultat de simulation du modèle 2.2.1 à savoir la concurrence sans atomicité où la variable globale **varg** (fenêtre gauche) a pour valeur 14. Ceci montre clairement l'exécution entrelacée des deux processus A et B. Notons qu'il était possible d'avoir un autre scénario d'exécution pour lequel la variable globale **varg** sera égale à 9 c'est dans le cas où le processus B sera exécuté complétement et le processus A sera bloqué. Le troisième scénario possible est lorsque le processus (A) exécute son code complet et B sera bloqué la variable globale **varg** sera égale à 15. La figure 8 représente l'atomicité (modèle 2.2.2) la variable globale **varg** a pour valeur 15 c'est le cas d'une exécution complète et sans interruption du processus A; Il existe une autre possibilité, c'est l'exécution atomique du processus B qui rendra la valeur de la variable globale **varg** égale à 9.

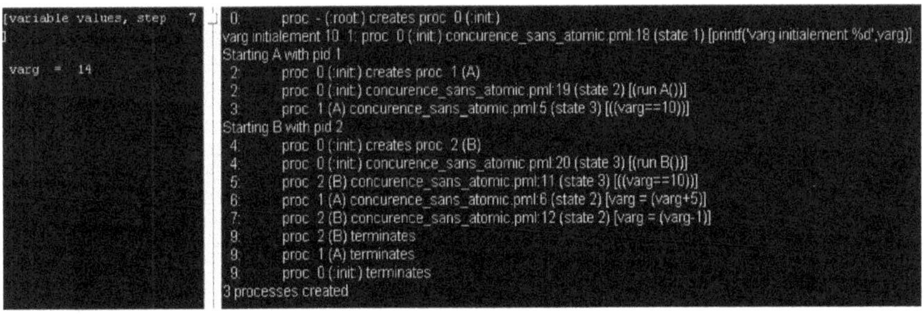

Figure 7: Résultat de simulation sans atomicité (modèle 2.2.1)

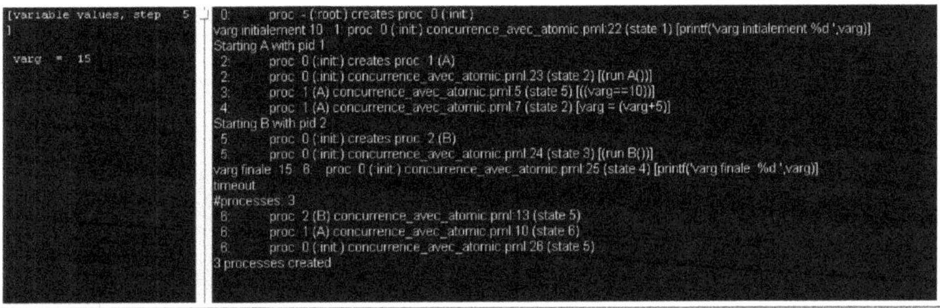

Figure 8: Résultat de simulation avec atomicité (modèle 2.2.2)

3. L'exclusion mutuelle
3.1.Définition

La première définition du problème de l'exclusion mutuelle a été donnée par Edsger Dijkstra en 1965. Nous pouvons résumer ses propos dans les six assertions suivantes :

1. La sureté : À tout moment, il n'y a qu'un site du système qui puisse exécuter la section critique.

« La section critique : toute section de code (séquence d'instructions) manipulant de ressources (variables) communes (globales). » [30]

2. La solution doit être symétrique, c'est-à-dire que l'on ne « peut pas introduire de priorité statique ».

3. On ne peut pas faire d'hypothèse sur la vitesse des participants.

4. La Progression : En dehors de la section critique, tout site peut quitter le système sans pour autant bloquer les autres.

5. L'attente bornée : Si plus d'un site désire entrer en section critique, on doit pouvoir décider en un temps fini de l'identité du site qui accédera à celle-ci. [31]

6. L'absence de blocage mutuel (verrou mortel/ deadlock)

Il existe plusieurs solutions au problème de l'exclusion mutuelle qui sont catégorisées en quatre classes : Soit P_i, P_j deux processus concurrents ;

> - Solutions logicielles
> - La Solution restrictive qui utilise une variable globale entière tour initialisé a une valeur i pour le processus j, chaque processus doit vérifier que c'est son tour avant d'entrer en section critique.
> - La deuxième solution peut mener à un blocage mutuel des deux processus, elle est basée sur l'utilisation de deux variables booléennes D_i, D_j initialisé à faux, chaque processus doit vérifier que son D_i (resp. D_j) est égale à vrai avant d'entrer en section critique.
> - La Solution de Peterson qui regroupe les deux approches…
> - Solutions matérielles
> - Désarmement des interruptions
> - Test-And-Set (TAS)
> - Sémaphore
> - Moniteur

Nous avons choisi de modéliser une des solutions logicielles au problème d'exclusion mutuelle à savoir l'algorithme de Peterson.

3.2.Spécification de l'algorithme de Peterson en Promela

La solution introduit deux variables booléennes une par processus et une variable tour qui peut être égale à 1 ou 2. Le processus ne peut entrer en section critique que si c'est son tour et son Di (i=1 pour le processus A, 2 pour le processus B) est égale à vrai.

```
byte tour; /* la variable globale tour qui peut prendre
que les valeurs 1 et 2*/
int glob=15;              /*la variable globale protegée
de la section critique*/
bool D1,D2; /* les deux varaibles booléennes D1,D2*/
proctype A()
{               D1=true;
                tour=2;

                if
                ::(tour==1) && (D1==true) ->
                /* critical section */
                        glob= glob +24 ;
                        D1=false
                fi;
}


proctype B()
{
                D2=true;
                tour=1;
                if
                ::((tour==2) && (D2==true)) ->
                /* critical section */
                        glob= glob +2 ;
                        D2=false
                fi;
}
init{
run A();
run B()
}
```

Modèle 3.2 : Modèle de Peterson

3.3.Simulation avec Spin

Le résultat de la simulation aléatoire du modèle de PERTERSON présenté précédemment est illustré dans la figure 9, le scénario d'exécution obtenu peut être interprété ainsi :

Dans la fenêtre gauche, sont affichées les valeurs de D1 et D2 lesquelles sont respectivement 0 et 1, la variable globale **glob** a pour valeur **39** et la variable tour est égale à 1 dénotant ainsi qu'un seul processus (ici A) est en section critique. Ce qui est exact conformément au code du processus A (ayant pour rôle d'augmenter la valeur de glob de 24).

Notons qu'il est possible d'avoir un autre scénario d'exécution dans lequel les résultats seront

D1=1, D2=0 et glob=17. C'est l'exécution du processus B ceci qui est aussi exact conformément à son code.

Les deux scénarios ci-dessus exposés peuvent apparaître lors de la simulation interactive.

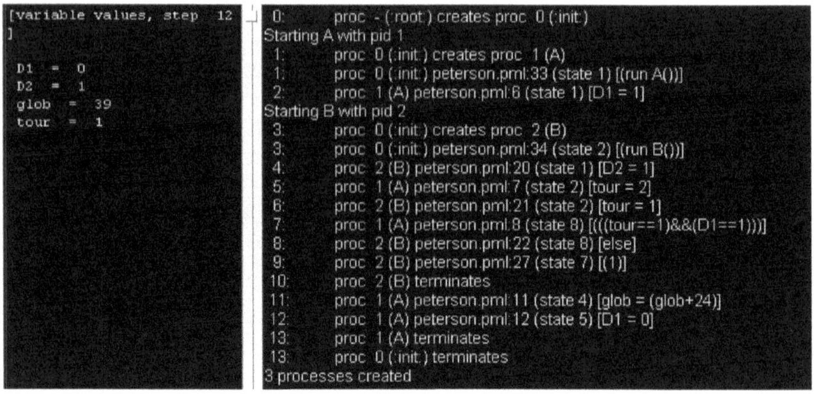

Figure 9: Le résultat de simulation de modèle de PERTERSON

4. Les problèmes classiques de synchronisation (Producteur – consommateur)

Il y a plusieurs problèmes classiques de synchronisation comme :

➢ Le problème du coiffeur endormi.

➢ Le problème du dîner des philosophes.

➢ Le problème des lecteurs - rédacteurs.

➢ Le problème des producteurs- consommateurs.

➢ Le problème du pont à une seule voie…

Nous avons choisi ici de modéliser le problème des producteurs-consommateurs.

4.1. Définition

Le couple producteurs-consommateurs est un exemple classique de la programmation concurrente. Un groupe de processus, désignés comme les producteurs, est chargé d'emmagasiner des données dans une file d'attente ; un second groupe, les consommateurs, est chargé de les déstocker. Chaque intervenant exclut les autres. La file d'attente est partagée entre les producteurs et les consommateurs. Pour garantir le bon fonctionnement de l'ensemble, la file d'attente est manipulée en exclusion mutuelle afin de garantir l'intégrité des opérations d'ajout et de retrait. Les deux critères suivants sont nécessaires:

➢ Le producteur ne peut pas déposer une donnée lorsque le buffer est plein.

➢ Le consommateur ne peut pas retirer une donnée lorsque le buffer est vide. [32] [33]

4.2. Spécification de problème de producteur consommateur en Promela
4.2.1. Producteur – consommateur, un tampon de taille fini

La solution algorithmique du problème producteur consommateur se base sur l'utilisation des sémaphores pour la synchronisation entre les deux processus, la solution présentée ci-dessous est celle qui utilise les sémaphores :

Producteur [34]	Consommateur
Sémaphore vide ; Init (vide, N) // N : taille du tampon	Sémaphore plein ; Init (plein, 0)
Produire (messageP); P (vide); tampon [*tête*] = messageP; *tête* = (*tête* + 1) mod *n*; V (plein);	P (plein); messageC = tampon [*queue*]; *queue* = (*queue* + 1) mod *n*; V (vide); *consommer(messageC);*

Remarque : le problème peut être aussi résolu en utilisant les moniteurs.

La spécification PROMELA proposée ci-dessous n'utilise pas les sémaphores, le compteur p initialisé à 0 joue le rôle du sémaphore, le producteur ne peut pas produire dans un tampon plein est exprimé par l'expression (p==10) où 10 c'est la taille du tampon dans notre exemple, le producteur ne peut produire que si p<=10, le compteur s'incrémente à chaque production, le consommateur décrémente p après chaque consommation, il ne peut pas consommer d'un tampon vide c'est-à-dire la condition (p !=0) doit être satisfaite.

```
int i=0,j=0,p=0;
byte tampon[10];
/* the p is the length of tampon */
proctype producteur()
{
byte m=1;
do
:: (p<=10) -> /* le tampon n'est pas plein*/
i=(i+1)%10;
tampon[i]=m;
atomic { /* protection du traitement de modification de
p*/
p=p+1
} ;
m=m+1
:: p>10 -> break /* tampon plein*/
od
}
proctype consommateur()
{       byte m;
do
::(p>0)-> /* tampon non vide*/
j=(j+1)%10;
m=tampon[j];
atomic { /* protection du traitement de modification de
p*/
p=p-1}
:: p==0 -> break; /*tampon vide*/
od
```

```
}
init
{
 run producteur();
 run consommateur()
}
```

Modèle 4.2.1 : Producteur-consommateur

4.2.2. N producteurs – M consommateurs, un tampon de taille fini

La solution présentée ci-dessous utilise les sémaphores pour la synchronisation et l'exclusion mutuelle : [34]

Producteur	Consommateur
Sémaphore vide, pmutex;	Sémaphore plein, cmutex ;
Init (vide, N) // N : taille du tampon	Init (plein, 0)
	Init(cmutex,1)
Init (pmutex, 1)	
Produire (messageP);	P (plein);
P (vide);	P (cmutex);
P (pmutex) ;	*messageC* = tampon [*queue*];
tampon[*tête*] = messageP;	*queue* = (*queue* + 1) mod *n*;
tête = (*tête* + 1) mod *n*;	V (cmutex) ;
V(pmutex) ;	V (vide);
V (plein);	*consommer (messageC);*

La spécification de ce problème utilise une boucle pour instancier plusieurs producteurs et plusieurs consommateurs. Pour assurer l'exclusion mutuelle entre les producteurs (pour ne pas déposer dans la même case) et entre les consommateurs (pour ne pas retirer la même valeur deux fois) nous avons utilisé de l'instruction **Atomic.** La variable **p** joue le rôle du sémaphore comme expliqué dans le modèle 4.2.1.

```
byte p=0; byte i=0; byte j=0;
byte tampon[10];
/* the p is the length of tampon */
proctype producteur()
{
byte m=1;
atomic {
do
:: (p<10) -> /* tampon non plein*/
    atomic { /* protection de p et de tampon*/
        i=(i+1)%10;
        tampon[i]=m;
        p=p+1;
        };
m=m+1
:: p>=10 -> break /*tampon plein*/
od
} ;
}
proctype consommateur()
{       byte m;
atomic {
do
::(p>0)-> /*tampon non vide*/
    atomic /* protection de p et de tampon*/
    {
```

```
        j=(j+1)%10;
        m=tampon[j];
        p=p-1
        }
:: p==0 -> break /*tampon vide*/
od
}
}
init
{
byte k=1;
byte u=1;
/*exécution non deterministe d'un ensemble de
producteurs et consommateurs */
do
    ::k<12 -> run producteur(); k=k+1;
    ::k==12 ->break
    ::u<15 -> run consommateur(); u=u+1;
    ::u==15 -> break;
od
}
```

Modèle 4.2.1 : plusieurs Producteurs- plusieurs consommateurs

4.3. Simulation avec Spin

La **figure 10** représente le résultat de simulation du problème "un producteur – un consommateur et un tampon de taille fini" (cf. 4.2.1) ; la **figure 11** représente le résultat de simulation de la généralisation du même problème "cas de plusieurs producteurs et plusieurs consommateurs" (cf. 4.2.2).

Les simulations (figures 10,11) montrent clairement qu'un producteur ne peut pas produire dans un tampon plein (production => il existe au moins une case vide), plusieurs producteurs ne peuvent pas produire dans la même case, un consommateur ne peut pas consommer d'un tampon vide (consommation => il existe au moins une case pleine), plusieurs consommateurs ne peuvent pas consommer de la même case deux fois. C'est exactement le comportement attendu du système étudié (le problème classique du producteur(s) – consommateur(s)).

[variable values, step 69]	0:	proc - (:root:) creates proc 0 (:init:)	
	spin: procon.pml:0, warning, proctype consommateur, 'byte m' variable is never used (other than in print stmnts)		
i = 1	Starting producteur with pid 1		
p = 11	1:	proc 0 (:init:) creates proc 1 (producteur)	
producteur(1):m = 12	1:	proc 0 (:init:) procon.pml:36 (state 1)	[(run producteur())]
tampon[0] = 10	2:	proc 1 (producteur) procon.pml:7 (state 9)	[((p<=10))]
tampon[1] = 11	Starting consommateur with pid 2		
tampon[2] = 2	3:	proc 0 (:init:) creates proc 2 (consommateur)	
tampon[3] = 3	3:	proc 0 (:init:) procon.pml:37 (state 2)	[(run consommateur())]
tampon[4] = 4	4:	proc 2 (consommateur) procon.pml:23 (state 8)	[((p==0))]
tampon[5] = 5	5:	proc 1 (producteur) procon.pml:9 (state 5)	[i = ((i+1)%10)]
tampon[6] = 6	6:	proc 1 (producteur) procon.pml:11 (state 3)	[tampon[i] = m]
tampon[7] = 7	7:	proc 1 (producteur) procon.pml:12 (state 4)	[p = (p+1)]
tampon[8] = 8	9:	proc 1 (producteur) procon.pml:14 (state 6)	[m = (m+1)]
tampon[9] = 9	11:	proc 1 (producteur) procon.pml:7 (state 9)	[((p<=10))]
	12:	proc 1 (producteur) procon.pml:9 (state 5)	[i = ((i+1)%10)]
	13:	proc 1 (producteur) procon.pml:11 (state 3)	[tampon[i] = m]
	14:	proc 1 (producteur) procon.pml:12 (state 4)	[p = (p+1)]
	15:	proc 1 (producteur) procon.pml:14 (state 6)	[m = (m+1)]
	15:	proc 2 (consommateur) terminates	
	17:	proc 1 (producteur) procon.pml:7 (state 9)	[((p<=10))]
	18:	proc 1 (producteur) procon.pml:9 (state 5)	[i = ((i+1)%10)]

19:	proc 1 (producteur) procon.pml:11 (state 3)	[tampon[i] = m]
20:	proc 1 (producteur) procon.pml:12 (state 4)	[p = (p+1)]
21:	proc 1 (producteur) procon.pml:14 (state 6)	[m = (m+1)]
23:	proc 1 (producteur) procon.pml:7 (state 9)	[((p<=10))]
24:	proc 1 (producteur) procon.pml:9 (state 5)	[i = ((i+1)%10)]
25:	proc 1 (producteur) procon.pml:11 (state 3)	[tampon[i] = m]
26:	proc 1 (producteur) procon.pml:12 (state 4)	[p = (p+1)]
27:	proc 1 (producteur) procon.pml:14 (state 6)	[m = (m+1)]
29:	proc 1 (producteur) procon.pml:7 (state 9)	[((p<=10))]
30:	proc 1 (producteur) procon.pml:9 (state 5)	[i = ((i+1)%10)]
31:	proc 1 (producteur) procon.pml:11 (state 3)	[tampon[i] = m]
32:	proc 1 (producteur) procon.pml:12 (state 4)	[p = (p+1)]
33:	proc 1 (producteur) procon.pml:14 (state 6)	[m = (m+1)]
35:	proc 1 (producteur) procon.pml:7 (state 9)	[((p<=10))]
36:	proc 1 (producteur) procon.pml:9 (state 5)	[i = ((i+1)%10)]
37:	proc 1 (producteur) procon.pml:11 (state 3)	[tampon[i] = m]
38:	proc 1 (producteur) procon.pml:12 (state 4)	[p = (p+1)]
39:	proc 1 (producteur) procon.pml:14 (state 6)	[m = (m+1)]
41:	proc 1 (producteur) procon.pml:7 (state 9)	[((p<=10))]
42:	proc 1 (producteur) procon.pml:9 (state 5)	[i = ((i+1)%10)]
43:	proc 1 (producteur) procon.pml:11 (state 3)	[tampon[i] = m]
44:	proc 1 (producteur) procon.pml:12 (state 4)	[p = (p+1)]
45:	proc 1 (producteur) procon.pml:14 (state 6)	[m = (m+1)]
47:	proc 1 (producteur) procon.pml:7 (state 9)	[((p<=10))]
48:	proc 1 (producteur) procon.pml:9 (state 5)	[i = ((i+1)%10)]
49:	proc 1 (producteur) procon.pml:11 (state 3)	[tampon[i] = m]
50:	proc 1 (producteur) procon.pml:12 (state 4)	[p = (p+1)]
51:	proc 1 (producteur) procon.pml:14 (state 6)	[m = (m+1)]
53:	proc 1 (producteur) procon.pml:7 (state 9)	[((p<=10))]
54:	proc 1 (producteur) procon.pml:9 (state 5)	[i = ((i+1)%10)]
55:	proc 1 (producteur) procon.pml:11 (state 3)	[tampon[i] = m]
56:	proc 1 (producteur) procon.pml:12 (state 4)	[p = (p+1)]
57:	proc 1 (producteur) procon.pml:14 (state 6)	[m = (m+1)]
59:	proc 1 (producteur) procon.pml:7 (state 9)	[((p<=10))]
60:	proc 1 (producteur) procon.pml:9 (state 5)	[i = ((i+1)%10)]
61:	proc 1 (producteur) procon.pml:11 (state 3)	[tampon[i] = m]
62:	proc 1 (producteur) procon.pml:12 (state 4)	[p = (p+1)]
63:	proc 1 (producteur) procon.pml:14 (state 6)	[m = (m+1)]
65:	proc 1 (producteur) procon.pml:7 (state 9)	[((p<=10))]
66:	proc 1 (producteur) procon.pml:9 (state 5)	[i = ((i+1)%10)]
67:	proc 1 (producteur) procon.pml:11 (state 3)	[tampon[i] = m]
68:	proc 1 (producteur) procon.pml:12 (state 4)	[p = (p+1)]
69:	proc 1 (producteur) procon.pml:14 (state 6)	[m = (m+1)]
71:	proc 1 (producteur) procon.pml:7 (state 9)	[((p>10))]
72:	proc 1 (producteur) terminates	
72:	proc 0 (:init:) terminates	
3 processes created		

Figure 10: Simulation "un producteur – un consommateur"

```
Starting consommateur with pid 1
2:        proc  0 (:init:) creates proc  1 (consommateur)
2:        proc  0 (:init:) N_pro_M_con.pml:46 (state 7) [(run consommateur())]
3:        proc  1 (consommateur) N_pro_M_con.pml:25 (state 11) [ATOMIC]
4:        proc  1 (consommateur) N_pro_M_con.pml:26 (state 8) [((p<=0))]
5:        proc  1 (consommateur) N_pro_M_con.pml:26 (state 10) [break]
5:        proc  1 (consommateur) terminates
6:        proc  0 (:init:) N_pro_M_con.pml:46 (state 8) [u = (u+1)]
8:        proc  0 (:init:) N_pro_M_con.pml:42 (state 11) [((k<12))]
Starting producteur with pid 1
330:      proc  0 (:init:) creates proc  1 (producteur)
330:      proc  0 (:init:) N_pro_M_con.pml:43 (state 2) [(run producteur())]
331:      proc  0 (:init:) N_pro_M_con.pml:44 (state 3) [k = (k+1)]
332:      proc  1 (producteur) N_pro_M_con.pml:8 (state 12) [ATOMIC]
333:      proc  1 (producteur) N_pro_M_con.pml:9 (state 9) [((p>=10))]
334:      proc  1 (producteur) N_pro_M_con.pml:9 (state 11) [break]
336:      proc  0 (:init:) N_pro_M_con.pml:42 (state 11) [((k==12))]
337:      proc  1 (producteur) terminates
337:      proc  0 (:init:) terminates
16 processes created
```

Figure 11: Simulation "N producteurs – M consommateurs"

5. Les systèmes répartis
5.1.   Définition [35]

Un système réparti est organisé comme un ensemble de processus qui s'exécutent sur des sites reliés par un réseau de communication et qui communiquent par envoi de messages. Sur chaque site, il est possible de définir un état local, qui est modifié par l'exécution des processus du site. Nous appelons événement soit un changement local d'état sur un site soit l'envoi ou la réception d'un message par un processus.

En revanche, les processus de deux sites différents peuvent avoir des informations différentes sur l'état du système et sur l'ordre des événements qui s'y produisent.

En effet, l'état d'un site distant ne peut être connu que par des informations véhiculées par les messages dont les délais de transmission peuvent varier.

Dans un système réparti les sites (processus) n'ont pas de mémoire partagée ni d'horloge commune.

Un système réparti a plusieurs avantages et inconvénients :

Les avantages

- **La fiabilité :** le système réparti est plus fiable qu'un seul ordinateur, si une machine tombe en panne le reste des ordinateurs ne sont pas affectés et le système peut survivre dans son ensemble.
- **Croissance progressive**
- **Partage des ressources**

- **Flexibilité :** le système est très flexible, il est très facile à installer, de mettre en œuvre et de déboguer des nouveaux services, chaque service est également accessible à chaque client local ou distant.
- **Vitesse**
- **Système ouvert**
- **Performance**

Les inconvénients

- **Dépannage:** Le dépannage et le diagnostic des problèmes sont les plus importants inconvénients d'un système distribué.
- **Logiciel :** la difficulté de la programmation distribuée (algorithme distribué sans erreur).
- **Mise en réseau :** surcharge, problèmes de transmission et la perte des messages sont des problèmes causés par l'infrastructure de réseau.
- **La sécurité** [36]

Quelques algorithmes classiques de systèmes repartis

❖ Les algorithmes d'élection [37]
  - L'algorithme d'élection de Bully
  - L'algorithme d'élection de leader
  - L'algorithme d'élection dans un anneau…
❖ Les algorithmes d'exclusion mutuelle [38]
  - Approche centralisée
  - Approche distribuée…
❖ Les algorithmes de synchronisation
  - Horloge logique de Lamport
  - Horloge vectorielle de Mattern & Fidge…
❖ Les algorithmes de diffusion
  - Diffusion parallèle
  - Diffusion par jeton…

5.2. L'algorithme de diffusion en parallèle
5.2.1. Spécification en Promela de l'algorithme de diffusion en parallèle

La problématique de la diffusion d'une information par un processus peut être exprimée ainsi :

Un site initiateur désire diffuser une information à tous les autres sites du réseau. Cette diffusion se fait par propagation de proche en proche vu que chacun des sites du réseau ne connait que ses voisins, le principe en est le suivant :

Chaque site qui reçoit ce message va l'envoyer à tous ses voisins, mais comme la diffusion doit se terminer, tout site ayant déjà reçu le message doit ignorer toute nouvelle réception. Pour cela l'algorithme de diffusion parallèle utilise les structures Z, Y et Voisins et une variable booléenne locale à chaque site **reçu** initialisé à faux.

Les structures :

Z : {Les identités des sites ayant reçu m, ou en voie d'être informé} /*{} : ensemble*/

Y = Voisins – Z : {Identités de mes voisins qui ne sont pas dans Z et que je dois informer}

Voisins :{Identités des sites reliés au site actuel}

L'algorithme : [39]

```
Lors de la réception de (m, Z) par Pi faire
Si (reçu ==faux) alors /* 1er réception*/
    Reçu := faux ;
    Mémoriser le message m dans le contexte local ;
    Y := Voisin – Z ;
    Si Y ≠ φ alors
        ∀ k ∈ Y : envoyer (m, Z U Y) à Pk
    Finsi
Finsi
```

Dans le modèle PROMELA présenté ci-dessous, la matrice carrée (a) définie comme un tableau de taille N où chaque élément est un tableau de taille N est utilisée pour définir le réseau, dans notre cas d'étude, nous avons considéré un réseau de 5 nœuds, une liaison entre deux nœuds est représentée par un 1 dans la matrice (a) initialisé à 0. Cette dernière permet de connaître les voisins de chaque site.

La variable received au niveau de chaque processus (vertex) est initialisée à faux, le tableau tosend joue le rôle de Y dans l'algorithme, et le tableau Z joue le rôle de la structure Z.

Le processus initiateur est le processus qui a l'ID (num) égale à 1, comme le réseau contient 5 nœuds, le processus vertex sera instancié 5 fois.

Le réseau étudié dans le modèle 5.2.1 est illustré dans la figure 12.

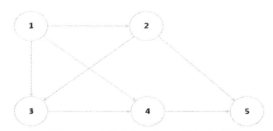

Figure 12: Réseau modélisé dans le modèle de diffusion

```
# define N 6
typedef array { /* définition de type array pour
l'utiliser dans la définition de la matrice*/
byte aa[N]
};
/* Declaration des variables*/
array a[N],Z; byte m=2 , f=1, e;
bool received[N];
chan q[N]= [20] of {array , byte }; /* N canaux d'une
```

```
capacité de 20 messages chacun, où chaque message
est de type tableau , byte*/
/*Le processus vertex (noeud)*/
proctype vertex(byte num)
{
byte cpt=0;
array tosend;
byte i, msg,c,b; array Z2;
if
:: (num==1)  ->
atomic {received[num] = true;}
/* Z initialement contient tous les sites informés ou en
voie d'être informé*/
i=2;
do
:: (i<N)-> atomic {
if
::(a[num].aa[i]==1)-> Z.aa[i]=1;
:: else -> skip;
fi;
}
i=i+1
:: (i>=N) -> break
od;
i=2;
do
:: (i<N)->
if
::Z.aa[i]==1->q[i] ! Z, m;
:: else -> skip;
fi;
i=i+1;
:: (i>=N) -> break;
od;
:: else -> skip;
fi;
if
:: (num==1) -> skip
::else ->
do
:: q[num] ? Z2, msg ->
if
:: (received[num] == false) ->
printf("msg received %d ", msg);
atomic {received[num] = true; }
i=1;
do
:: i<N ->
if
:: (a[num].aa[i]==1) && (Z.aa[i]==0)->
tosend.aa[cpt]=i ; cpt=cpt+1
:: else -> skip;
fi;
i=i+1;
:: i>=N -> break;
od;
i=0;
if
:: cpt==0 -> printf("No emission done");   skip
:: else ->atomic {
```

```
do
:: i<cpt -> b=tosend.aa[i]; Z.aa[b]=1;i=i+1
:: i>=cpt -> break;
od;
}
i=0;
do
:: i<cpt -> c=tosend.aa[i]; q[c]! Z ,m;  i=i+1
:: i>=cpt -> break
od;
fi;
:: else -> skip
fi;
break
od
fi;
}
init {
Z.aa[1]=1;
/*initialisation de reçu à faux pour tous les noeuds*/
e=1;
do
:: e<N-> received[e]=false;            e=e+1;
:: e>=N -> break;
od;
/*initialisation de la matrice du réseau à 0*/
do
:: f<N ->
e=1;
do
:: e<N-> a[f].aa[e]=0;
e=e+1;
:: e>=N -> break;
od;
f=f+1;
:: f>=N ->break;
od ;
/* un lien entre i et j est représenté par a[i].aa[j]==1*/
a[1].aa[2]=1; a[1].aa[3]=1; a[1].aa[4]=1; a[2].aa[3]=1;
a[2].aa[5]=1; a[3].aa[4]=1; a[4].aa[5]=1;
/* Le reseau étudié contient 7 liens*/
/* creation des noeuds (activation des processus)*/
f=1;
do
:: f<N ->  run vertex(f); f=f+1
:: f>=N -> break;
od;
}
```

Modèle 5.2.1 : La diffusion parallèle

5.2.2. Simulation de l'algorithme avec Spin

Les figures (13.a, 13.b) ci-dessous représentent respectivement le début et la fin du résultat de simulation du protocole de diffusion parallèle. Le scénario présenté dans les figures 13, 14 illustre comment l'algorithme s'exécute sur l'exemple de la figure 12, le processus 1 (initiateur) envoie le message m (m égale à 2) aux processus 2, 3, 4, le processus 2 à son tour envoie ce message au processus 5, l'algorithme se termine car tous les sites (processus) ont reçu le message **m.**

13.a

13.b

Figure 13: Résultat de simulation protocole de diffusion parallèle

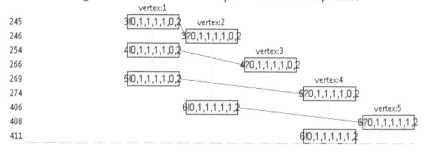

Figure 14: MSC (Message Sequence Chart) de l'algorithme de diffusion parallèle

5.3. L'algorithme d'élection de Roberts et Chang
5.3.1. Anneau unidirectionnel
5.3.1.1. Spécification en Promela l'algorithme d'élection de leader de Chang et Roberts (cas de plusieurs initiateurs)

Le principe :

Le maillage est un anneau logique unidirectionnel, où chaque processus sait adresser un message à son voisin de gauche par la primitive envoyer_voisin_gauche. Un ou plusieurs processus peuvent décider de lancer un protocole d'élection.

Rappelons que l'algorithme d'élection de Robert et Chang a pour objectif de déterminer le processus ayant l'identité optimale (fonction du choix opéré c'est-à-dire celui ayant le max ou le min). Dans notre cas, nous nous intéressons au cas du maximum.

A l'issue de l'algorithme un seul site sera déclaré élu ou leader.

Le contexte de tout site est :

- mon numéro : constante identifiant le processus / site de manière unique.
- plus grand vu : variable entière donnant à un instant donné le plus grand numéro de processus connu du site.
- participant : variable booléenne initialisée à faux, qui passe à vrai dès que le processus est atteint par l'algorithme d'élection.
- vainqueur : variable entière laquelle à l'issue de l'algorithme donnera le numéro du processus élu.

Les messages sont de deux types :

- Les messages de type élection ; un processus envoie un tel message soit quand il décide de lancer une élection (il ajoute son propre numéro), soit quand il devient participant (il calcule alors plus_grand_vu et ajoute au message cette valeur).
    - Les messages de type élu ; ce message est généré par un seul processus à savoir le processus déclaré élu (vainqueur /leader)

Un processus se considérera élu lorsqu'il reçoit un message d'élection portant sa propre identité, et fera propager ce message vers son voisin_gauche. Tout processus recevant ce message élu devra le transmettre à son voisin_gauche. L'algorithme se termine lorsque ce message élu fait un tour d'anneau (revient au site élu).

texte exécuté lors de la décision de provoquer une élection
participant : = vrai ;
plus_grand_vu := mon_numéro ;
envoyer_voisin_gauche (élection, mon_numéro) ;
texte exécuté lors de la réception de (élection, j)
si non participant,
participant :=vrai ;
plus_grand_vu := max (mon_numéro, j).
envoyer_voisin_gauche (élection, plus_grand) ;
sinon
cas 1 : j > plus_grand,
        plus_grand_vu : = j ;
        envoyer (élection, plus_grand) ;
cas2 : j = mon_numéro,
         envoyer_voisin_gauche (élu, mon_numéro);
texte exécuté lors de la réception de (élu, j)
vainqueur :=j ;
participant := faux ; (* initialisation pour la prochaine élection *)
si j ≠ mon_numéro, envoyer_voisin_gauche (élu, j) ; [40]

Le modèle présenté ci-dessous est une modélisation de l'algorithme d'élection de Chang et Robert expliqué précédemment, dans un anneau unidirectionnel, où chaque nœud peut envoyer initialement le message de type élection à son voisin droit. C'est une généralisation du modèle élection de leader dans le cas d'un seul initiateur présenté dans [22].

```
#define N 5 /*Nbre de site (noeud) dans le réseau*/
mtype {election, elu}; /*déclaration du type de message */
chan q[N] =[10] of {mtype,byte}; /* 5 canaux d'une capacité de
10 msg de type mtype, byte */
proctype noeud (chan inp,outp; byte mon_nbr)
{
byte nr,leader;
outp!election,(mon_nbr); /*tous les noeuds peuvent initier
l'election*/
do
        :: inp? election(nr) ->
                if
                        :: (nr>mon_nbr) -> outp!election(nr);
                        ::           (nr==mon_nbr)          ->
outp!elu(mon_nbr);
                        :: else ->skip
                fi;
        ::inp?elu,nr->
                if
                        ::nr!= mon_nbr -> outp!elu,nr
                        :: else ->
                                leader=nr;
                                printf("Le                leader
est %d",leader);
                        fi;
        break
        od
}
init {
byte proc;
atomic {
proc=1;
do
```

```
          ::        proc<=N        ->      run      noeud(q[proc-
1],q[proc%N],proc*proc);
          proc++
          :: proc > N -> break
     od
  }
}
```

Modèle 5.3.1.1 : Algorithme d'élection de Chang et Robert

5.3.1.2. Simulation de l'algorithme avec Spin

La figure suivante représente deux parties du résultat de simulation, le début et la fin respectivement, tous les processus lancent l'élection, à l'issue de l'algorithme le processus 25 est déclaré leader, c'est le processus ayant l'identifiant maximum :

Figure 15: Le résultat de la simulation de l'algorithme d'élection de Chang et Roberts modèle 5.3.1.1

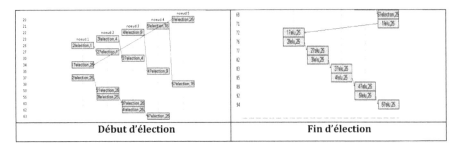

Figure 16: MSC de l'algorithme d'élection de Chang et Roberts modèle 5.3.1.1

5.3.2. Anneau bidirectionnel

5.3.2.1. Spécification en PROMELA l'algorithme d'élection de leader de Chang et Roberts (cas d'un anneau bidirectionnel).

Le modèle présenté ci-dessus est une modélisation de l'algorithme d'élection de Chang et Robert, dans un anneau bidirectionnel, initialement le processus numéro 1 lance l'élection.

```
#define N 5 /*Nbre de site (noeud) dans le réseau*/
mtype {election, elu}; /*déclaration du type de message */
chan q[6] =[10] of {mtype,byte}; /* 6 canaux d'une capacité
de 10 msg de type mtype, byte */
proctype noeud ( byte mon_nbr)
{
byte nr,leader;
if
::(mon_nbr==1)->
q[mon_nbr%N]!election,(mon_nbr);q[N]!election,(mon_nbr)
:: else -> skip;
fi;
do
    :: q[mon_nbr-1]? election(nr)  ->
    if
    :: (nr>mon_nbr) -> q[(mon_nbr+1)%N]!election(nr);
    :: (nr<mon_nbr) -> q[(mon_nbr+1)%N]!election(mon_nbr);
    :: (nr==mon_nbr)->q[(mon_nbr+1)%N]!elu(mon_nbr);
    fi;
    :: q[(mon_nbr+1)%N]? election(nr) ->
    if
    :: (nr>mon_nbr) -> q[mon_nbr-1]!election(nr);
    :: (nr<mon_nbr) -> q[mon_nbr-1]!election(mon_nbr)
    :: (nr==mon_nbr) -> q[mon_nbr-1]!elu(mon_nbr)
    fi;
    ::q[mon_nbr-1]?elu,nr->
    if
    ::nr!= mon_nbr -> q[(mon_nbr+1)%N]!elu,nr;
    :: else ->
    leader=nr; skip
    fi;
    ::q[(mon_nbr+1)%N]?elu,nr->
    if
    ::nr!= mon_nbr -> q[mon_nbr-1]!elu,nr;
    :: else ->
    leader=nr; skip
    fi;
    break
```

```
od;
}
init {
byte proc;
atomic {
proc=1;
do
        :: proc<=N -> run noeud(proc); proc++
        :: proc > N -> break
od
}
}
```

5.3.2.2. Simulation de l'algorithme avec Spin

Les deux figures suivantes représentent respectivement deux captures d'écran du début et fin du résultat de la simulation de l'algorithme de Roberts et Chang dans un anneau bidirectionnel, chaque processus envoie un message vers ces deux voisins gauche et droit, et il reçoit deux messages un de son voisin gauche et l'autre de son voisin droit, la simulation montre que le processus leader est celui qui a l'identifiant maximum ici c'est le processus 5, l'élection est lancée par le processus 1 .

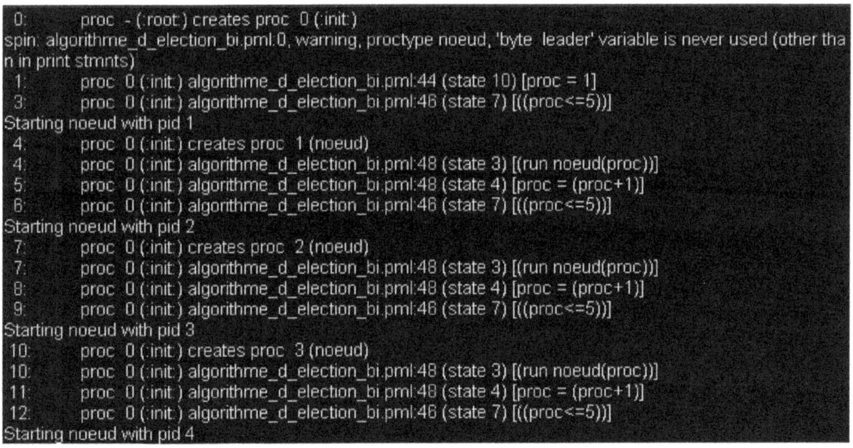

Figure 17: Le début de simulation de l'algorithme de Roberts et Chang dans un anneau bidirectionnel

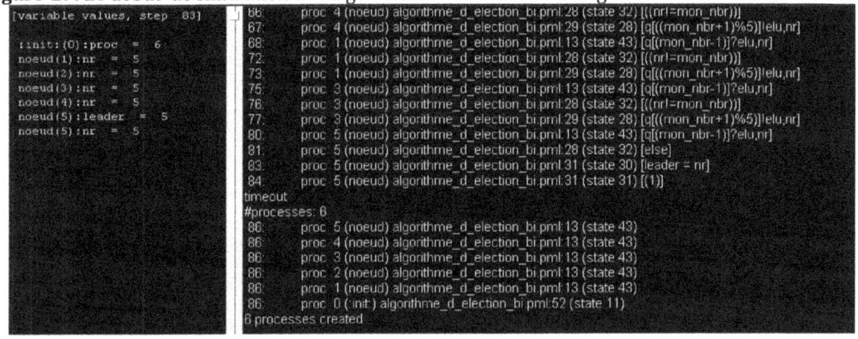

Figure 18: La fin de simulation de l'algorithme de Roberts et Chang dans un anneau bidirectionnel

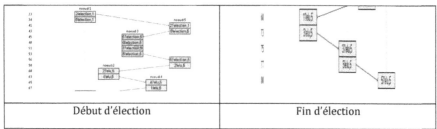

Début d'élection	Fin d'élection

Figure 19: MSC de l'algorithme de Roberts et Chang dans un anneau bidirectionnel

Le tableau suivant conclut les résultats obtenus par les trois versions de l'algorithme de Robert et Chang (R&C), la première version [22] c'est l'algorithme de R&C dans un anneau unidirectionnel avec un seul initiateur, la deuxième version est R&C dans un anneau unidirectionnel avec plusieurs initiateurs, et La troisième version est R&C dan un anneau bidirectionnel avec un seul initiateur.

Le tableau montre la vitesse d'exécution en terme de nombre d'étapes (colonne gauche de la fenêtre du simulateur) lors de la simulation des trois modèles.

Modèle initial	Nos modèles
R&C anneau unidirectionnel, un seul initiateur [22] Nombre d'étapes=108	R&C anneau unidirectionnel, plusieurs initiateurs Nombre d'étapes = 96
	R&C anneau bidirectionnel, un seul initiateur Nombre d'étapes = 83

Interprétation :

Les résultats sont tout à fait logiques. En effet, dans un anneau unidirectionnel; l'algorithme converge plus rapidement avec plusieurs initiateurs.

Pour prouver ce résultat (somme toute logique et intuitif), il suffit de considérer le cas le plus défavorable pour élire un processus. Ce dernier se trouve être :

L'initiateur est le voisin-gauche du processus qui sera élu à la terminaison de l'algorithme (Voir figure 20).

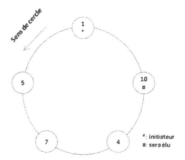

Figure 20: Exemple illustratif

Dans ce cas, le nombre de tour d'anneau pour la terminaison est égal à 3 :

a) Un tour pour que le processus ''qui sera élu'' soit atteint par la vague « message élection(numero_max) ».

b) Un tour d'anneau pour se déclarer élu.

c) Un tour pour informer les autres qu'il est l'élu.

Dans le cas de plusieurs initiateurs, le scénario expose se trouve réduit à 2 tours d'anneau. « Le a) n'a pas lieu d'exister ».

Dans le cas d'anneau bidirectionnel et tout en considérant le même cas défavorable il est tout à fait clair que le processus qui se déclarera élu est atteint en 2 tours d'anneau :

a) Un tour pour devenir participant et envoyer son propre numéro.

b) Un tour pour se déclarer élu.

6. A propos de vérification

6.1. Motivation

Dans ce paragraphe, nous avons tenu à montrer un aspect très important de l'outil SPIN, à savoir « la vérification ». Cette dernière n'étant pas du cadre de ce mémoire, mais vu la place prépondérante qu'elle occupe dans tout cycle de développement, en parler s'imposait.

Notre choix s'est porté sur le protocole KERBEROS lequel s'est imposé comme étant un protocole de référence commercialisé : (Microsoft, Apple, Red Hat, Sun, Oracle et Google). Ce protocole est un protocole d'authentification réseau dans le but d'éviter de transmettre le mot de passe sur le réseau.

6.2. Description du protocole d'authentification réseau

"Le protocole Kerberos est issu du projet « Athena » du MIT, mené par Miller et Neuman. La version 5 du protocole Kerberos a été normalisée par l'IETF dans les RFC 1510 (septembre 1993) et 1964 (juin 1996). Le nom « Kerberos » provient de la mythologie grecque et correspond au nom du chien à trois têtes (en français« Cerbère ») protégeant l'accès aux portes d'Hadès. [42] Il garantit l'authentification sécurisée entre un client et un serveur dans un réseau non sécurisé.

Le protocole Kerberos utilise la cryptographie à base de clés secrètes (symétriques). Kerberos partage avec chaque client du réseau une clé secrète faisant office de preuve d'identité.

Le principe de fonctionnement de Kerberos repose sur la notion de « tickets » :

[41]

- Afin d'obtenir l'autorisation d'accès à un service, un utilisateur distant doit envoyer son identifiant au serveur d'authentification.
- Le serveur d'authentification vérifie que l'identifiant existe et envoie un ticket initial au client distant, chiffré avec la clé associée au client. Le ticket initial contient :
  - une clé de session, faisant office de mot de passe temporaire pour chiffrer les communications suivantes ;
  - un ticket d'accès au service de délivrement de ticket.
- Le client distant déchiffre le ticket initial avec sa clé et obtient ainsi un ticket et une clé de session.
- Grâce à son ticket et sa clé de session, le client distant peut envoyer une requête chiffrée au service de délivrement de ticket, afin de demander l'accès à un service.
- Par ailleurs, Kerberos propose un système d'authentification mutuelle permettant au client et au serveur de s'identifier réciproquement.

L'authentification proposée par le serveur Kerberos a une durée limitée dans le temps, ce qui permet d'éviter à un pirate de continuer d'avoir accès aux ressources : on parle ainsi d'anti re-jeu (Replay-Attack)." [42]

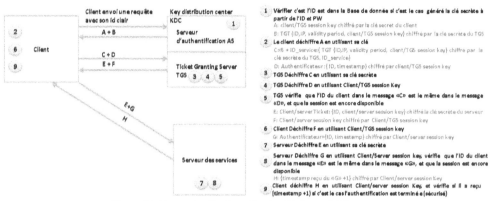

Figure 21: Protocole d'authentification Kerberos **[43]**

6.3. La modélisation en Promela

Pour Modéliser le protocole expliqué précédemment, certaines hypothèses ont été émises afin de simplifier notre modèle ce sont :

- Les deux messages A et F (transportant que des clés) sont supposés envoyés implicitement.
- L'adresse IP et l'ID de service ont été ignorés.
- Les messages en général ont été simplifiés.

Notre modèle contient un processus intrus (Intruder en anglais) qui va simuler l'attaque du réseau par Replay-Attack et ainsi vérifier que les mécanismes de protection ont été efficaces.

Nous rappelons que Replay-Attack sont de deux types :

- **Type 1** : le message émis par le client est intercepté par l'intrus et de ce fait le client est bloqué.
- **Type 2** : l'intrus inonde le réseau de messages pour le saturer.

Les deux types d'attaques par intrusion ont été simulés et vérifiés.

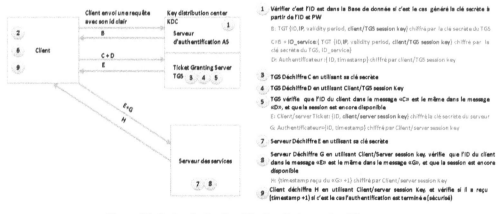

Figure 22: Protocole d'authentification Kerberos simplifie

Ci-dessous est le modèle proposé pour le protocole de Kerberos :

```
mtype
{CLIENT,KDC,SERVER,PCTGSSessK,PServerSK,PCLIENTServerSessK,PTGSSK,trusted}
typedef clock {
byte Hh;
byte min;
byte sec
};
clock watch;
chan q1= [3] of {mtype, byte};
chan q2= [17] of {mtype,byte,int, mtype};
chan q3= [3] of {mtype,mtype};
chan q4= [3] of {int ,mtype};
byte idc =15;byte received=0; bool token=false,c=false;
proctype timer ()
{
byte j=watch.min+2;
                        do
                        :: watch.min<j ->
                        end0:   {do
                        :: watch.sec<=60 -> watch.sec=watch.sec+1;
                        :: watch.sec>60 -> watch.min = watch.min +1; break
                        od;
                        watch.sec=0;}
                        :: j==watch.min -> break
                        od;
}
proctype Client(byte identifier)
{int  v, timestamp=watch.Hh*3600+watch.min*60+watch.sec ,timestp,time,t;
trace1:
{
q1!CLIENT , identifier;/*1rst msg request of authentication*/
if /*B received*/                                /*D sent*/
:: q2? CLIENT,eval(identifier),v,PTGSSK -> q2! KDC,identifier,timestamp,
PCTGSSessK;
fi;
}
timestp=watch.Hh*3600+watch.min*60+watch.sec;
if
::(received>=1)&&(token==false) ->end1: skip;
::else -> accept1:{
 if
::q2? CLIENT ,eval(identifier),v,PServerSK -> atomic {token =true; c=true};
 q2! SERVER ,identifier,v,PServerSK;
 q2! SERVER , identifier,timestp,PCLIENTServerSessK;
fi;
t=timestp; t=t+1;
assert (v==180);
/*H received*/
end77: {q4? time,PCLIENTServerSessK ; }
if /*testing the trust*/
::time == t ->
```

```
q3! SERVER, trusted;
fi;
if
:: q3? CLIENT, trusted -> printf("Client & Server trusted, security authentication
established");
fi;}
fi;
}
proctype Server()
{
byte idt, ident; int  times,tt,tm,v; bool quit =false;
if
::received<1  -> tm=watch.Hh*3600+watch.min*60+watch.sec;
trace3: {
q2? SERVER , idt,v,PServerSK; /*E received*/
q2? SERVER , ident,times,PCLIENTServerSessK; /*G received*/
}
assert(v==180);
received=received+1;tt=times+v;
assert(received == 1)            ;
if
:: ((idt==ident) && (tm<tt)&&(c==true)) -> times=times+1;
        q4! times,PCLIENTServerSessK; /*H sent*/
:: else -> end2: printf("end of session client hacked");quit=true; skip
fi;
if
:: quit ==true ->end22: { printf("the intruder blocked"); skip;}
:: else ->
trace6: {
if /*trust test*/
:: q3? SERVER, trusted -> q3! CLIENT, trusted;
fi;}
fi;
::else -> skip
fi;
}
proctype KdC()
{
 byte id,idr; int time,t=watch.Hh*3600+watch.min*60+watch.sec; int validity =180;
 trace7: {
if/*1st msg received authentication starts */
::q1?CLIENT,id -> q2! CLIENT, id , validity, PTGSSK;/*B sent */
fi;
if /*D received*/
::q2? KDC,idr,time, PCTGSSessK ->
assert(id==idr && t< time +validity);
        if
        :: (id==idr) && (t<time+validity) -> q2! CLIENT , id,validity,PServerSK; /*E
sent */
        fi;

fi
}
```

```
}
proctype Intruder()
{
byte j=1,identifier; int v, timestp,time,i=1;
printf("Intruder willing to start a replay attack");
if
        ::(received>=1) ->end1: skip;
        ::else -> timestp=watch.Hh*3600+watch.min*60+watch.sec;
        if
        :: (token==true)-> end2: skip;
        :: else -> atomic {token=true;c=false};
                if
                ::i<10 ->
                        end4: {q2?CLIENT,eval(identifier),v,PServerSK ;
                        do
                        :: i <= 4->
                        printf("trying to replace the client");
                        i=i+1;  atomic {watch.min = watch.min +1;}
                        :: i>4; break
                        od;
                        q2! SERVER ,identifier,v,PServerSK;
                        q2! SERVER , identifier,timestp,PCLIENTServerSessK;
                        timestp++;
                        };
                        end5:{
                        q4? time,PCLIENTServerSessK ;
                        if /*testing the trust*/
                        ::time == timestp ->      q3! SERVER, trusted;
                        fi;
                        if
                        :: q3? CLIENT, trusted ->printf("Intruder & Server trusted");
                        fi;}
                :: j<10 -> end8:{q2?CLIENT,eval(identifier),v,PServerSK ;
                        atomic {
                        do
                        :: j <10 ->  printf("trying to confuse the server");
                        end7:{ q2! SERVER ,identifier,v,PServerSK;
                         q2! SERVER ,identifier,timestp,PCLIENTServerSessK; };j=j+1;
                        :: j>=10 -> break;
                        od;
                        };
}
                        fi;
        fi;
fi
}
init
{
watch.Hh =13;watch.min=0; watch.sec=0;
/*we will try to make the general clock or watch*/
run timer();
run Client(idc);
run KdC ();
```

```
run Server();
run Intruder();
}
```

Modèle 6.3 : Protocole Kerberos

6.4. La vérification avec SPIN

La vérification de la propriété d'acceptance, la propriété de safety avec les trois options de : violation d'assertion, absence de deadlock et violation xr/xs a montré l'absence des erreurs. La vérification choisie est : depth-first search.

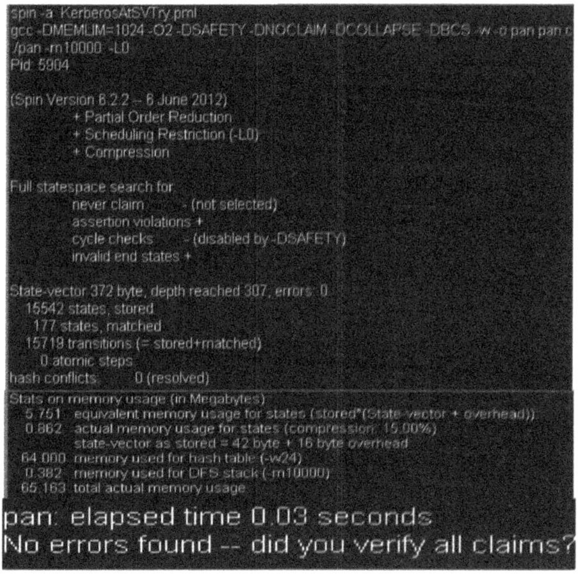

Figure 23: Résultat de vérification du protocole Kerberos safety propriety

6.5. La simulation avec SPIN

La simulation aléatoire peut mener à 3 scénarios possibles :

- **Scénario 1** : Le client s'authentifie au serveur sur aucune attaque par l'intrus.
- **Scénario 2** : L'intrus parvenir à bloquer le client mais il le sera à son tour par le serveur vu la validité de session expire (Replay-Attack type 1).
- **Scénario 3** : L'intrus tente de saturer le réseau par envois multiples mais le serveur bloque ce type d'attaque (Replay-Attack type 2).

Quant à la simulation guidée, elle a lieu après la vérification par utilisation d'un fichier d'extension trail généré par l'analyseur lors de la vérification.

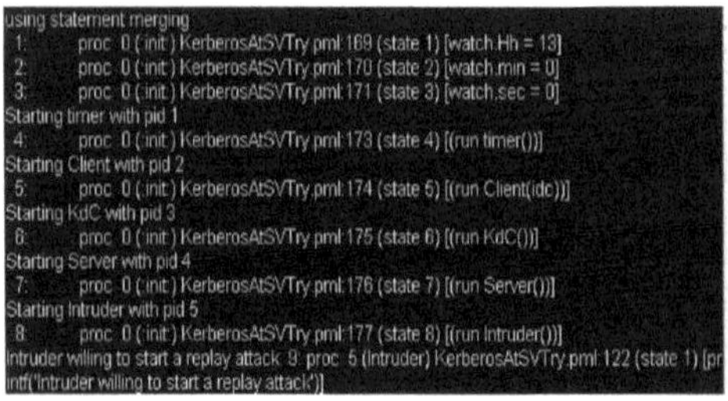

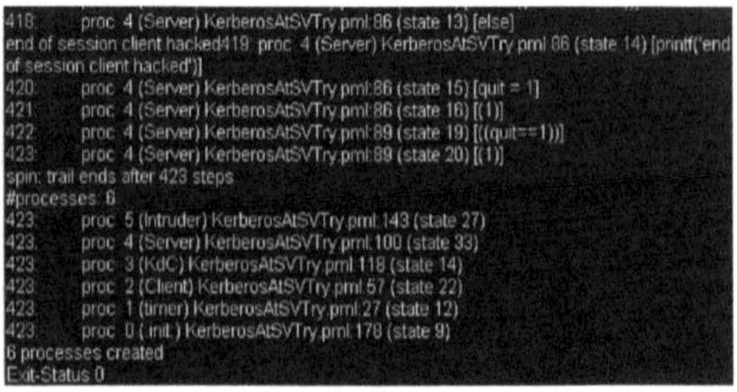

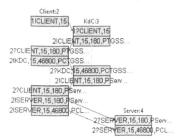

Figure 24: Résultat de la simulation guidée Kerberos

Figure 25: MSC Kerberos

7. Conclusion:

La modélisation du comportement des systèmes concurrents nous a permis de mieux comprendre la concurrence, en observant les différents scénarios d'exécution possibles grâce au simulateur SPIN. La modélisation des différents problèmes étudiés nécessite l'apprentissage   du langage Promela.

Les applications illustrent d'une part, les différents domaines d'utilisation de l'outil SPIN et de son langage associé et d'autre part, la puissance de l'outil SPIN, mais aussi ses limitations. Le dernier exemple exposé montre que l'outil est puissant dans la vérification et la simulation mais pas en temps-réel, aussi l'exemple   5.2 a exposé un manque de certaines structures (comme les ensembles). Cependant, les structures des canaux, l'envoi et la réception des messages, la création dynamique des processus concurrents, le rapprochement du langage Promela au langage de programmation C, la possibilité d'intégrer des portions du codes C dans les modèles Promela, le model-checking, la simulation en trois modes et enfin l'interface graphique conviviale permettent SPIN de classer parmi les plus performants simulateurs et vérificateurs.

CONCLUSION GENERALE

L'évolution des logiciels, systèmes et des applications, devenus plus en plus complexes a fait que les concepteurs font face à d'énormes défis en terme de détection au plutôt d'erreurs.

L'ultime but recherché est de fournir des systèmes ou applications sûrs de fonctionnement, ceci peut aller de simples applications domotiques jusqu'à des systèmes critiques (au sens vies humaines, économique,... etc.).

De tels systèmes aussi complexes nécessitent la connaissance de plusieurs aspects à savoir : les processus concurrents, les systèmes répartis et parallèles, les réseaux pour l'aspect communication et protocoles.

Les travaux présentés dans ce mémoire ont été une initiation à la modélisation et à la simulation de processus concurrents et de systèmes répartis. Les exemples présentés ont permis de mettre en pratique plusieurs aspects étudiés de manière théorique. Ceci a nécessité l'apprentissage et la maitrise d'un langage de modélisation « Promela » et de ses outils associés à savoir le simulateur « SPIN » et son analyseur.

Notre travail a été étendu à l'aspect vérification et plus précisément à la validation de protocole. C'est à ce dernier aspect que nous proposons les perspectives les plus intéressantes de notre point de vue. En effet, la littérature scientifique mentionne clairement que la simulation ne peut en aucun constituer une preuve de bon fonctionnement.

Ainsi, des efforts intenses de recherche sont portés à la vérification et la validation des systèmes et protocoles.

Bibliographie

[1] [En ligne]. Available: http://www.benoitgirard.com/WWW/Validation/ChapitreI.htm. [Accès le 4 Mars 2013].

[2] H. Garavel, Défense et illustration des algèbres de processus.

[3] D. Mery, Algorithmique des Systèmes Répartis et Distribués Modélisation et vérification, 2005.

[4] A.Arnold, Systèmes de transitions finis et sémantique des processus communicants,page 16,21., Masson.

[5] ACSIOME, Modélisation dans la conception des systèmes d'information page 157.

[6] G. S. e. G. Binet, Réseaux de Petri Cours EL401T2, BASSE–NORMANDIE: UNIVERSITE de CAEN.

[7] S. MARIEL, VADE-MECUM DE L'ÉTUDIANT EN RÉSEAUX DE PETRI.

[8] ACSIOME, Modélisation dans la conception des systèmes d'information page 159.

[9] E. Encrenaz-Tiphène et C. Dutheillet, Réseaux de Petri Modélisation de systèmes finis.

[10] W. Fokkink, Process Algebra: An Algebraic Theory of Concurrency.

[11] J. Krivine, Thèse de doctorat, Algèbres de Processus Réversibles et Programmation Concurrente Déclarative., Paris: Université Paris.

[12] editions-eyrolles, [En ligne]. Available: http://www.editions-eyrolles.com/download/9782212117578/annexe-b.pdf. [Accès le Mars 2013].

[13] M. Djoudi, Thèse de Magister:Tolerance au faut dans les systèmes répartis: application à l'élection, USTHB - Algerie, 1996.

[14] [En ligne]. Available: http://spinroot.com/spin/whatispin.html. [Accès le 2013].

[15] L. Petrucci, un exemple de langage parallèle asynchrone : promela, 3 mars 1999.

[16] A. S. Siegfried LÖFFLER, Protocol Design: From Specification to Implementation.

[17] [En ligne]. Available: http://www.fil.univ-lille1.fr/~nebut/portail/svl/fichiers/tp/tpSimulationSpin/resumeSpin2ParPage.pdf.

[18] «SPIN / PROMELA,» Master IRAD.

[19] C. Eli, «Spin2Core».

[20] [En ligne]. Available: http://spinroot.com/spin/Man/d_step.html. [Accès le 2013].

[21] [En ligne]. Available: http://spinroot.com/spin/Man/stdin.html. [Accès le 2013].

[22] A. Belabbaci, memoire de Master - Spécification et simulation des systèmes parallèles., Laghouat: université Amar Telidji, 2010- 2011.

[23] resumé Promela, université de Lille, 2010-2011.

[24] [En ligne]. Available: http://www.montefiore.ulg.ac.be/services/verif/cours/sp/html/verification/verification.html. [Accès le Février 2013].

[25] [En ligne]. Available: http://www.inf.u-szeged.hu/~gombas/HSRV/jspin-user.pdf. [Accès le Février 2013].

[26] [En ligne]. Available: http://spinroot.com/spin/Man/README.html. [Accès le Février 2013].

[27] Spin Simulation UFR IEEA, France: université de Lille, 2011-2012.

[28] [En ligne]. Available: http://spinroot.com/spin/what.html. [Accès le 09 Avril 2013].

[29] [En ligne]. Available: http://cnx.org/content/m12312/latest/. [Accès le 2013].

[30] [En ligne]. Available: http://www.lb.refer.org/chebaro/page4_2.htm. [Accès le 2013].

[31] J. Sopena, Algorithmes d'exclusion mutuelle : tolérance aux fautes et adaptation aux grille, Paris: Pierre et Marie Curie - Paris VI Spécialité : Informatique, 8 Décembre 2008.

[32] [En ligne]. Available: http://www.pps.univ-paris-diderot.fr/Livres/ora/DA-OCAML/book-ora177.html 16/03/13. [Accès le 16 03 2013].

[33] [En ligne]. Available: http://dept-info.labri.fr/~griffaul/Enseignement/Maitrise-00-01/SE/Cours/cours/node15.html#SECTION00431100000000000000. [Accès le 16 03 2013].

[34] [En ligne]. Available: http://cui.unige.ch/~billard/systemeII/cours3a.html. [Accès le 2013].

[35] [En ligne]. Available: http://rangiroa.essi.fr/cours/systeme2/97-poly-systemes-repartis.html. [Accès le 2013].

[36] [En ligne]. Available: http://www.platformusers.net/distributed-computing/distributed-computing-advantages-and-disadvantages.html. [Accès le 2013].

[37] [En ligne]. Available: http://lindajmiller1969.hubpages.com/hub/Distributed-Systems-Election-Algorithms. [Accès le 2013].

[38] [En ligne]. Available: http://phoenix.goucher.edu/~kelliher/cs43/apr09.html. [Accès le 2013].

[39] M. Djoudi, Support de cours système d'exploitation avancé 3éme Année Licence LMD Informatique, Laghouat: Université Amar Telidji, 2012 - 2013.

---

[40] I. CHARON, ALGORITHMIQUE DU CONTROLE REPARTI - Module Algorithmique répartie de l'UE INF346, Paris, Mars 2009.

[41] [En ligne]. Available: http://en.wikipedia.org/wiki/File:Hades-et-Cerberus-III.jpg. [Accès le 27 05 2013].

[42] [En ligne]. Available: http://www.monassistance.fr/CCM/authentification/kerberos.php. [Accès le 11 5 2013].

[43] M. A. Sahar, Réalisateur, *Kerberos Authentication demo*. [Film]. 2009.

Résumé du mémoire

L'exigence d'avoir des systèmes concurrents fiables impose à tout concepteur (de tels systèmes) d'adopter une démarche rigoureuse de la première étape de conception jusqu'à sa réalisation finale.

Les travaux réalisés dans ce mémoire concernent essentiellement la modélisation et la simulation des systèmes concurrents et répartis. Ainsi ces aspects ont nécessité l'apprentissage du langage Promela et l'utilisation de l'outil logiciel associé à savoir le simulateur SPIN.

Les applications réalisées ont concerné plusieurs aspects étudiés durant notre cursus mais de manière théorique. Les applications ont été étendues aux systèmes repartis et plus particulièrement les algorithmes d'élection. De plus, un intérêt a été porté à l'aspect vérification-validation, aspect de loin les plus pertinent lors de toute conception de protocoles. A titre d'application, nous avons modélisé et validé le protocole KERBEROS lequel est un protocole d'authentification.

Mot clé : modélisation – simulation – Promela – SPIN – systèmes concurrents – systèmes repartis- vérification – validation – KERBEROS.

Abstract

The requirement to have reliable concurrent systems obliges any developer (of such systems) to adopt a rigorous approach from the first stage of conception to the final implementation.

The work done in this thesis focuses mainly on the modeling and the simulation of concurrent and distributed systems. Thus these aspects required the mastership of Promela language and its associated software tool "simulator SPIN".

Some of the applications presented here covered several aspects studied theoretically during courses. The applications have been extended to distributed systems and more particularly the election algorithms. In addition, interest has been raised toward the verification (validation) aspect, which is the most relevant aspect during any protocol design. As an application, we modeled and validated the KERBEROS protocol which is an authentication protocol.

Key word: modeling – simulation – Promela – SPIN – concurrent systems – distributed systems- verification – validation – KERBEROS.

www.ingramcontent.com/pod-product-compliance
Lightning Source LLC
LaVergne TN
LVHW042348060326
832902LV00006B/459